PRIÈRES SECRÈTES DE POUVOIR

Pour la Réussite

Par l'intercession de la Sainte Vierge Marie
Et l'aide du Saint ou de la Sainte du Jour

ISBN : 978-285090-852-1

Rufine Sarah Bermond

PRIÈRES SECRÈTES DE POUVOIR

Pour la Réussite

Par l'intercession de la Sainte Vierge Marie
Et l'aide du Saint ou de la Sainte du Jour

Éditions Bussière
34, rue Saint-Jacques
75005 Paris

Chères Lectrices, Chers Lecteurs,

L'acquisition illégale d'objets générant une dette karmique à s'acquitter à un moment inattendu, usez de votre droit de vous assurer que votre livre n'est pas une contrefaçon, mais un original, c'est-à-dire une part qui vous revient en toute transparence. C'est cette part qui vous donne le pouvoir d'agir efficacement tant en l'Esprit que devant les hommes.

Vous méritez ce qui est juste et équitable Réclamez donc votre original et jouissez-en paisiblement.

Vous le savez ! Vous le savez !

Dieu peut vous aider à réussir et même à réaliser de surprenants actes avec une facilité laissant croire qu'il n'a absolument rien fait !

Comme tant d'autres personnes, j'ai personnellement expérimenté cet état de fait.

Raison pour laquelle je vous encourage à agir et réagir avec persévérance et foi. Pour le déroulement et le résultat, il convient de vous en remettre à Dieu et à ses Merveilleuses Forces, en prenant le temps de prier quotidiennement avec respect, amour et sincérité, en allant à la Messe tant que vous le pouvez, en réalisant les Actions de grâce et, de votre mieux, en évitant ce que Dieu désapprouve. Ce n'est pas grave si vous n'y arrivez pas systématiquement.

Ce qui importe beaucoup c'est d'essayer sincèrement en souhaitant y arriver. Pour le reste, vous en remettre à Dieu, à Jésus, aux anges et archanges, aux saints et saintes et, bien sûr, à la Sainte Vierge Marie qui, personnellement, m'aide beaucoup depuis mon enfance.

En procédant ainsi, vous verrez beaucoup de choses changer favorablement pour vous et, le moment venu, au-delà de votre sphère personnelle.

Bien sûr, il convient de retenir que la patience est votre alliée. Car, avec Dieu, la patience est souvent doublement récompensée au moment où l'on ne s'y attend absolument pas.

Pour tout cela, voici un livre de prières et manifestes dont la sincérité, l'amour et le respect exposent votre situation à Dieu et à ses Merveilleuses Forces Bienveillantes, pour les motiver à vous aider.

Comment organiser vos séances de prières de la série Prières Secrètes de Pouvoir

Pour prier à l'aide des prières de la série Prières Secrètes de Pouvoir, ou tout livre de prières sans organisation précise, vous avez principalement deux méthodes : la méthode spontanée et la méthode organisée.

La méthode spontanée consiste par exemple à :

1. Dire : Merci SEIGNEUR pour la grâce qui m'est donnée de communiquer avec toi. † Au nom du Père, du Fils, et du Saint-Esprit. Amen (en baissant la tête en avant et en joignant vos mains, paume contre paume).

2. Ensuite : Ouvrir le livre et commencer à prier à la page ouverte, poursuivre page après page, jusqu'à ce que vous ressentiez avoir suffisamment prié. (N'hésitez pas à ignorer les prières que vous ne souhaitez pas faire, en passant à la page suivante. C'est là votre choix)

3. Terminer par : Notre Père qui es aux cieux, page ___

4. Clôturez par : Je vous salue Marie, page ___

5. Ou alors, ouvrir le livre et commencer à prier à partir de la première prière, poursuivre page après page tous les jours, jusqu'à finir le livre. (N'hésitez pas à ignorer les prières que vous ne souhaitez pas faire, en passant à la page suivante. C'est là votre choix)

6. Tous les jours à la suite de votre prière, prendre connaissance de la Parole de Dieu en deuxième partie. Des conseils et messages importants vous y sont livrés.

La méthode organisée à l'avance consiste à :

Sélectionner les prières dans le ou les livres de prières à votre disposition, et les lister dans votre cahier de prières.

Pour cela, si ce n'est encore chose faite, il convient d'acheter un beau cahier et le dédier à la prière organisée à l'avance.

En 1ère page, centrée, le nommer : Cahier de prière de : précisez vos prénoms et noms. Ligne en dessous, indiquez la date de mise en service de votre cahier de prières.

Recopier un passage de Psaume de votre choix, sur cette 1ère page.

À partir de la 2ème page : indiquez la période, l'objet de votre prière, les titres des prières choisies, le livre et la page.

Enfin, pour organiser vos séances de prière avec sérieux, mieux prier, augmenter votre connaissance dans le domaine de la prière, et bien plus encore, vous disposez d'un complet bel ouvrage écrit par mes soins et publié aux Éditions Bussière, sous l'intitulé « Comment Prier pour être touché par la grâce »

Cet ouvrage peut vous être d'une grande utilité pour stabiliser vos acquis, vous améliorer, et évoluer tout en jouissant d'une vie meilleure qu'autrefois.

Je souhaite que Dieu vous protège et vous aide dans vos nécessités.
Pour cela, il est bon de faire de votre mieux pour être davantage
proche de Lui et ainsi davantage bénéficier de ses bienfaits.

Introduction et début de la Prière

INVOCATION AU DÉBUT DE LA PRIÈRE EN TEMPS D'ÉPREUVE

Je me Tourne vers Dieu l'Éternel, et je vis des Déroulements Merveilleux.

Au Nom du Père : Sagesse éternelle, Force supérieure, Puissance infinie, Pouvoir suprême ;

Du Fils : Éternellement Paix, Éternellement Amour, Éternellement Honneur et Gloire ;

Et du Saint-Esprit : Harmonie, canal duquel me parviennent toutes ces merveilles.

Par l'intercession de la Sainte Vierge Marie, notre Bienveillante Mère Céleste, j'invoque le Pouvoir suprême des Forces Célestes Bienveillantes.

Pouvoir qui ouvre les portes de l'évolution harmonieuse, réponds-moi.

Pouvoir qui inspire, inspire-moi en tout temps.

Pouvoir qui délivre, délivre-moi de toutes chaînes.

Pouvoir qui protège, protège-moi de tout danger.

Pouvoir qui guérit, guéris-moi de tous les maux.

Pouvoir qui purifie, purifie-moi de toutes souillures.

Pouvoir qui régénère, régénère-moi intégralement.

Pouvoir qui accorde les dons merveilleux, comble-moi de tes grâces et laisse-moi me baigner en toi pour me ressourcer en profondeur, me transformer harmonieusement et me relever joyeusement.

Car c'est toi ma Source depuis le commencement.

Mon être, glorifie Dieu l'Éternel, et réjouis-toi de ses merveilles !

Et toi « *Mon âme, bénis l'Éternel, et n'oublie aucun de ses bienfaits !* » (Ps. 103.2)

Au nom de Jésus Christ ! Ici, maintenant, et pour toujours, Gloire au Père, Gloire au Fils, Gloire au Saint-Esprit. Honneur et Respect aux Membres des Forces du Bien. Amen. Amen. Amen.

Prière pour Solliciter l'Aide de l'Esprit Saint dans les affaires difficiles

J'ai la grâce de faire appel à l'Esprit Saint. Amen.

Viens, Esprit Saint !

Viens, Esprit Saint ! Toi qui te manifestas au baptême du Christ, viens m'aider.

Viens, Esprit Saint ! Toi dont le Christ avait promis la venue sur ses apôtres, viens m'aider.

Viens, Esprit Saint ! Toi qui vins embraser les disciples du Christ, comme il l'avait annoncé, viens m'aider.

Viens, Esprit Saint ! Toi qui procèdes du Père et du Fils, te manifestant de diverses façons, viens m'illuminer.

Esprit Saint ! Je t'invoque au nom du Père, le Dieu Créateur, et au nom du Fils, Jésus Christ Sauveur-Libérateur.

Toi qui inspiras les grands dignitaires, les humbles de cœur, leur indiquant clairement leur mission et les aidant à l'accomplir avec succès ;

Toi qui éclairas Saint Joseph sur sa vie et sur ses décisions, lui apportant assurance et confiance au Père Céleste ;

Toi qui révélas à la Vierge Marie sa mission, tout en l'aidant à supporter, sans faillir, ses dures épreuves ;

Tu connais mes préoccupations et tu as les solutions pour m'aider à résoudre mes problèmes.

Je t'en supplie ! Viens m'apaiser et me libérer de tout ce qui m'empêche d'avancer en sécurité dans le bon sens, avec succès.

Je t'en supplie ! Je t'en supplie ! Daigne fertiliser mon travail, pour me permettre d'avoir un bon revenu afin de subvenir dignement à mes besoins et missions.

« Merci SEIGNEUR, dès maintenant et pour toujours ! » (Ps 113.2)

Au nom de Jésus Christ ! Ici, maintenant, et pour toujours, Gloire au Père, Gloire au Fils, Gloire au Saint-Esprit. Honneur et Respect aux Membres des Forces du Bien. Amen. Amen. Amen.

Prier pour la Réalisation de vos Projets, et le Bon Aboutissement de vos Actes

Pour cela, prendre la bonne habitude de vous confier à Dieu, par qui toute chose est possible, est le moyen direct et simple à votre portée, pour réaliser vos bons projets, voir vos bons souhaits se concrétiser de façon à laisser croire qu'il n'y avait qu'à agir et attendre.

Quant à moi, je souhaite que Dieu vous bénisse et vous aide.
Et que vous, vous soyez proche de Lui mieux qu'autrefois.
Amen.

Prière pour Invoquer l'Esprit Saint

J'Invoque l'Esprit Saint, et je m'Ouvre à ses Merveilleux Dons. Amen.

Viens, Esprit Saint ! Toi qui te manifestas au baptême du Christ, viens sur moi.

Viens, Esprit Saint ! Toi dont le Christ avait promis la venue sur ses apôtres, viens sur moi.

Viens, Esprit Saint ! Toi qui vins embraser les disciples du Christ, comme il l'avait annoncé, viens, sur moi.

Viens, Esprit Saint ! Toi qui procèdes du Père et du Fils, te manifestant sous diverses façons, viens sur moi.

Viens, Esprit Saint ! Toi, Esprit de sagesse et de vérité, qui fais tomber les barrières de l'ignorance, viens m'éclairer.

Viens, Esprit Saint ! Toi, Esprit de paix, qui rassures celles et ceux qui sont perturbés ou dans la détresse, viens m'apaiser.

Viens, Esprit Saint ! Toi, Esprit de liberté, qui libères et relèves celles et ceux qui sont tombés d'injustice, viens me libérer.

Viens, Esprit Saint ! Toi, Esprit de bonté, qui assouplis et adoucis les raideurs de l'ego, viens me bonifier.

Viens, Esprit Saint ! Toi, Esprit d'abondance, qui fertilises et enrichis les affamés et les assoiffés, viens !

Esprit Saint, Esprit de sagesse, de vérité, de paix, de liberté, de bonté, d'abondance, viens ! Je t'ouvre volontairement et complètement mon conscient, mon subconscient et mon esprit, afin que tu pénètres tout mon être visible et invisible de ton énergie pure et bienfaisante qui donne la sagesse, rassure, libère, renforce et enrichit de multiples dons divins.

Tu viens, je t'accueille avec foi, et tu me couvres de tes dons divins.

« Merci SEIGNEUR, dès maintenant et pour toujours ! » (Ps 113.2)

« Mon âme, bénis l'Éternel, et n'oublie aucun de ses bienfaits ! » (Ps 103.2)

Au nom de Jésus Christ ! Ici, maintenant, et pour toujours, Gloire au Père, Gloire au Fils, Gloire au Saint-Esprit. Honneur et Respect aux Membres des Forces du Bien. Amen. Amen. Amen.

Prière pour Reprendre Lien avec Dieu, Neutraliser les Obstacles

La Clé des Merveilles. Amen.

Ô Éternel, mon Dieu, mon Créateur, Père éternellement Bon !

Je te tournais le dos et te boudais, croyant que tu m'ignorais.

Je n'en ai rien tiré de bien, bien au contraire.

Pourtant, toi, ô Père Éternel, mon Dieu, tu es toujours là pour moi.

Alors, je reviens vers toi, Père Éternel, te demander pardon.

Pardon ! Pardon pour l'ignorance qui m'aveuglait, pardon !

Toi, l'Éternel, mon Dieu, tu m'ouvres les bras, chemin de la réussite.

Père Éternel, mon Dieu, vers qui d'autre, à part toi, vers qui d'autre ? !

Alors, c'est bien volontiers que je reviens vers toi, mon Créateur !

Car j'ai compris que c'est toi la Source, la clé de mes performances.

J'ai compris, ô Père Éternel, mon Dieu, mon Créateur, que c'est toi qui gardes la clé de mon coffre.

Alors, je ne peux que revenir vers toi, ô Père Éternel, reprendre lien avec toi. Étant déjà prêt/e pour ouvrir mon coffre et en sortir des merveilles réjouissantes.

Oui, Père Éternel, mon Dieu ! Humblement, je reviens écouter ta magique voix, recevoir tes divins conseils et appuis.

C'est pourquoi je te supplie, ô Père Éternel, mon Dieu, de me garder sous ta merveilleuse protection, et m'aider à réaliser mes bons projets avec succès, honorant ainsi ton saint nom, et celui de ton Merveilleux Saint Fils, Jésus Christ.

« Merci SEIGNEUR, dès maintenant et pour toujours ! » (Ps 113.2)

« Mon âme, bénis l'Éternel, et n'oublie aucun de ses bienfaits ! » (Ps 103.2)

Prière pour Acquiescer la Bonté Divine et s'Élever Merveilleusement

(Pour se disposer aux grâces indispensables aux grands accomplissements)

Je Remercie Dieu l'Éternel, qui M'a Choisi(e). Amen.

Je te remercie, ô Éternel mon Dieu, pour tant de merveilles envers moi !

Je te remercie d'habiter mon cœur, mon être, mon esprit et mon âme !

Je te remercie de communiquer avec moi, surtout, je te remercie de m'avoir choisi/e !

Oui, Père Éternel, mon Dieu, mon Créateur, je sais maintenant que tu m'as choisi dès le commencement.

Oui, Père Éternel, tu m'as choisi/e ! C'est pour cela que je me retrouve dans ce coin choisi.

Oui, Père Éternel, mon Dieu ! Tu m'as choisi/e ! C'est pour cela que j'entends, vois et profite de tes merveilles !

Encore oui ! Tu m'as choisi/e ! C'est pour cela que je t'entends, te comprends et te suis de mieux en mieux !

Pour tout cela, je te dis, du fond de mon cœur, de mon être, de mon esprit et de mon âme, merci Père Éternel, mon Dieu !

Et je te prie, en te suppliant, de me pardonner pour mes manquements, me guérir de tout ce qui couverait négativement en moi, me protéger et m'aider à accomplir avec succès les œuvres honorant ton saint nom, et celui de ton Merveilleux Fils, Jésus Christ.

« Merci SEIGNEUR, dès maintenant et pour toujours ! » (Ps 113.2)

« Mon âme, bénis l'Éternel, et n'oublie aucun de ses bienfaits ! » (Ps 103.2)

Au nom de Jésus Christ ! Ici, maintenant, et pour toujours, Gloire au Père, Gloire au Fils, Gloire au Saint-Esprit. Honneur et Respect aux Membres des Forces du Bien. Amen. Amen. Amen.

Prière pour l'Évolution Spirituelle et la Jouissance des Biens Matériels

Ce que ma Divine Conscience Décrète s'Accomplit. Amen.

Je suis un être Spirituel évolutif de la création divine active.

Recevant continuellement de la Source éternellement intarissable

la Sagesse, l'Intelligence, la Force, la Puissance, le Pouvoir et la Gloire,

Je me réjouis de Paix, d'Harmonie, de Sécurité, de Santé, d'Amour.

Et je jouis des Ressources financières en abondance, ainsi que des Richesses meubles et immeubles.

Ce que ma divine conscience décrète s'accomplit. Je rends grâce.

Et te supplie ! Ô Père Éternel, mon Dieu, de te révéler davantage à tous les êtres de ta création, dont mes enfants, les personnes de mon entourage familial, amical et professionnel, afin que ton règne se manifeste davantage, et que ta volonté soit faite davantage sur terre comme au ciel à travers les âges, de génération en génération.

Je repose ma confiance sur toi, ô Père Éternel, tu es le Tout-Puissant.

En agissant à travers ta création Tout s'accomplit selon ta Volonté.

À présent, tu agis à travers moi, j'en suis honoré et je t'en remercie.

« Merci SEIGNEUR, dès maintenant et pour toujours ! » (Ps 113.2)

« Mon âme, bénis l'Éternel, et n'oublie aucun de ses bienfaits ! » (Ps 103.2)

Au nom de Jésus Christ ! Ici, maintenant, et pour toujours, Gloire au Père, Gloire au Fils, Gloire au Saint-Esprit. Honneur et Respect aux Membres des Forces du Bien. Amen. Amen. Amen.

Manifeste pour le Perfectionnement et l'Élévation dans Divers Domaines

Nous Accomplissons des Miracles. Ainsi soit-il !

Dieu se manifeste à travers sa création, en tout temps.

Ainsi, les forces les plus puissantes œuvrent en permanence.

Par la lumière de ma conscience[1], ma volonté et mes bons actes,

je me rallie directement à elles et nous accomplissons des miracles.

Nous intervenons en tout temps, et en ce moment même, nous intervenons pour la Paix en moi, autour de moi, la Paix, la bonne entente dans mon foyer.

Paix et bonne entente dans mon entourage, car je souhaite la Paix et la Joie partout où j'accède.

Nous travaillons aussi en ce moment pour l'Harmonie de mon corps et mon esprit.

Harmonie dans mes pensées, dans mes paroles, dans mes actes, à l'image de Dieu.

Harmonie dans mon foyer, dans ma famille. Je souhaite l'Harmonie dans mon entourage et partout.

Nous œuvrons activement pour purifier chaque partie de mon corps. Nous ressourçons et rajeunissons toutes les parties, en donnant à mon corps plus de force de dynamisme, de puissance d'action, plus de pureté, de beauté et de jeunesse, éternelles.

Nous œuvrons intensément pour augmenter mes dons divins de guérison de tous les maux ainsi que mes dons spirituels de diffusion de bonnes nouvelles dans tout mon entourage et bien au-delà.

1 Lumière de ma conscience : ma foi active.

Nous apportons ainsi la joie, l'apaisement, le bien-être et le rayonnement partout où cela nous est possible.

Nous travaillons avec persévérance pour accroître nos richesses culturelles, intellectuelles, spirituelles…

Nous menons à bien tous nos bons projets avec aisance, rencontrant de bons alliés au bon moment.

Ainsi, de grandes satisfactions et succès viennent couronner nos bons efforts, car nous sommes inspirés.

Nous œuvrons attentivement pour intensifier la prospérité et le succès dans nos affaires. Prospérité et succès dans nos activités tant dans nos fonctions que dans nos revenus.

Nous souhaitons la réussite scolaire, sociale, professionnelle, sentimentale et spirituelle de nos enfants.

Ainsi, nous nous sommes approvisionnés dans la Source Intarissable qui procure tout bien.

Nous remplissons avec plaisir le panier des personnes qui nous sont chères avec : la Paix, la Sécurité, la Santé, la Force, la Réussite, l'Aisance, la Prospérité, le Succès dans les bonnes affaires, l'Harmonie, la Stabilité conjugale, la Foi et la Confiance en Dieu à : (citer les personnes concernées)

❁❁❁❁❁

La Source intarissable nous pourvoit largement de tout ce qui concourt à notre épanouissement et à notre bien-être, je remercie vivement pour tous ces dons divins qui nous renforcent et nous aident à nous accomplir dans le bon sens.

« Merci SEIGNEUR, dès maintenant et pour toujours ! » (Ps 113.2)

« Mon âme, bénis l'Éternel, et n'oublie aucun de ses bienfaits ! » (Ps 103.2)

Au nom de Jésus Christ ! Ici, maintenant, et pour toujours, Gloire au Père, Gloire au Fils, Gloire au Saint-Esprit. Honneur et Respect aux Membres des Forces du Bien. Amen. Amen. Amen.

Prière en état de Pénurie, contre la Misère et la Pauvreté

(Et aussi contre la tentation de limiter ses efforts à cause d'autrui)

Je Prends Conscience que Je Peux Tout Changer. Amen.

Père Éternel, mon Dieu, mon Créateur !

Je te rends grâce et te prie de bien vouloir exaucer mes prières.

Père Éternel ! Cela fait si longtemps que je suis plongé dans la misère, peinant et souffrant.

Mais rien n'est dû au hasard. Et je crois comprendre pourquoi je suis dans cet état.

Je crois également comprendre que je dois absolument œuvrer pour m'en sortir et évoluer.

Je dois trouver des solutions à mes préoccupations, des remèdes à ma souffrance et des approvisionnements pour remédier à cette pénurie. Je sais que je peux y arriver avec ton aide.

Père Éternel, mon Dieu ! Sans toi, que suis-je ? Qui suis-je ?

Je t'en supplie ! Ne m'abandonne pas du fait de mes manquements, de mes erreurs ou de mes imperfections, produits de mon ignorance et de ma position actuelle.

Je t'en supplie ! Daigne me pardonner et m'accorder non seulement la sagesse, mais également la force et les moyens de réparer mes fautes, tout en préparant un départ nouveau, par le respect de tes lois et règlements, concrétisé par l'accomplissement de faits que tu attends de moi.

Car je suis persuadé/e que ce n'est pas pour rien qu'un être humain décide d'enfanter. De même, ce n'est pas pour rien que toi le Créateur, tu m'as fait matérialiser dans ce monde.

Je prends enfin conscience que ce n'est pas en fonction des actes et attitudes de mon prochain que je suis récompensé/e en réalité, même si je peux en jouir ou en souffrir.

Ce n'est que par mes propres actes que je trace mon destin terrestre et spirituel, de sorte que mon prochain ne peut justifier, à lui seul, ma régression ou ma progression.

Chacun et chacune de nous doit porter sa besace à sa hauteur.

Ainsi, je prends conscience que je ne dois pas subordonner, aux faits et gestes de mon prochain, la part que je dois accomplir moi-même pour m'élever significativement, quels que soient les freins subis.

Je prends conscience que j'ai à faire dignement tout mon possible pour connaître la réussite matérielle et spirituelle, et pour m'élever au meilleur niveau de conscience.

Avec ton aide, tout cela m'est facilement réalisable.

Ô toi qui débordes de sagesse, toi dont les pouvoirs sont inimaginables, je t'en supplie ! Accorde-moi de la sagesse, ainsi que les moyens et pouvoirs me permettant de mieux agir et réagir qu'autrefois.

Alors, moi aussi je deviendrai un être meilleur pour ta Gloire, parmi tes élus.

Oui, ton aide est indispensable dans la réussite matérielle et spirituelle.

Et je sais que tu l'accordes volontiers aux personnes qui savent te la demander avec foi.

Puisque je t'ai confié mes souhaits, je reste en paix, et j'espère en toi.

« Merci SEIGNEUR, dès maintenant et pour toujours ! » (Ps 113.2)

Au nom de Jésus Christ ! Ici, maintenant, et pour toujours, Gloire au Père, Gloire au Fils, Gloire au Saint-Esprit. Honneur et Respect aux Membres des Forces du Bien. Amen. Amen. Amen.

Prière contre la Misère et la Pauvreté

Grâce à Dieu, les fruits de mes efforts viendront illuminer toute ma maison.
Amen.

Père Éternel, mon Dieu, mon Créateur !

Je te rends grâce et te demande pardon pour mes imperfections,

produits de mon ignorance et de ma condition basique humaine.

Père Éternel, mon Dieu ! Cela fait longtemps que je connais la misère et la pauvreté. Mais mon cœur reste fixé vers toi. Même lorsque je détourne mon attention du fait de mes incompréhensions et de mon ignorance, mon âme reste tournée vers toi.

Père Éternel, mon Dieu ! Je t'en supplie ! Donne-moi la force de mieux t'écouter, la sagesse de mieux t'entendre, te comprendre, et de suivre tes recommandations, sans toujours me laisser perturber par mon ego, mes nécessités et mon monde.

Je t'en supplie ! Donne-moi la sagesse d'agir et réagir non pas selon les faits et gestes de mon prochain, mais selon ce que tu attends de moi. Accorde-moi également les moyens de vivre dignement, afin que mon ventre affamé ne détourne pas mes bonnes intentions vers mes préoccupations, ni m'éloigne de mes réels objectifs, je t'en supplie ! Accorde-moi les moyens de vivre dignement ;

Et tu verras que moi aussi je suis capable d'opérer des œuvres étonnantes, non pas comme toi, donc sans prétendre rivaliser avec le Maître, SEIGNEUR par-dessus tout Dieu Créateur ! Mais comme un être évolutif, cherchant inlassablement à faire de son mieux.

Je te promets de rester actif/ve, en attendant le don de l'Esprit Saint, car je ressens que bientôt, les fruits de mes efforts viendront illuminer ma maison et bien plus encore.

« Merci SEIGNEUR, dès maintenant et pour toujours ! » (Ps 113.2)

« Mon âme, bénis l'Éternel, et n'oublie aucun de ses bienfaits ! » (Ps 103.2)

Au nom de Jésus Christ ! Ici, maintenant, et pour toujours, Gloire au Père, Gloire au Fils, Gloire au Saint-Esprit. Honneur et Respect aux Membres des Forces du Bien. Amen. Amen. Amen.

Manifeste Quotidien pour une Vie Merveilleuse

(Pour actionner le don de bien-être et de la réussite)

1ère partie : Énoncé du don d'une vie merveilleuse.

Reçois à présent le don de l'Esprit Saint pour une Vie Merveilleuse. Amen.

Reçois à présent le don de l'Esprit Saint, pour t'endormir chaque soir en visualisant ton bonheur avec foi, te réveiller le matin avec espoir, et de bonnes pensées dans le cœur, t'appuyer sur le Père Éternel, Dieu Merveilleux, et sur les Forces du Bien tes alliées, pour agir et réagir en paix dans la journée, concrétiser tes merveilleuses visions avec persévérance et foi, afin que chaque instant de ta vie soit le fruit d'un accomplissement merveilleux.

Surtout, avant toute chose, confie-toi au Père Éternel, Dieu Bon et Merveilleux.

Remercie les Forces du Bien, tes alliées visibles et invisibles, d'ici et d'ailleurs.

Remercie pour ta présence dans ce monde et pour tout ce que tu y accomplis dans le bon sens.

Réjouis-toi de l'ensemble des éléments qui concourent à ton bien-être.

Réjouis-toi, également, des évènements qui enrichissent ton expérience.

Même si certains sont comme des épines d'une rose, ou le venin d'un serpent, ils enrichissent ton expérience pour que tu en fasses quelque chose de meilleur, avec l'aide de Dieu.

Et souviens-toi que tu sèmes ton bonheur au quotidien, tu l'augmentes chaque fois que tu relativises ce qui t'accapare.

Jour après jour, année après année, vis des instants magiques merveilleux, digne récompense des bons actes accomplis par des êtres merveilleux.

« Je remercie le Seigneur qui me conseille. Même la nuit, ma conscience me parle » (Ps. 16 7)

J'agis donc et réagis du mieux que je le peux. Pour le déroulement et le résultat, je m'en remets à Dieu Tout-Puissant par qui les obstacles disparaissent et la vie se poursuit harmonieusement dans le bon sens, avec succès.

« Merci SEIGNEUR, dès maintenant et pour toujours ! » (Ps 113.2)

« Mon âme, bénis l'Éternel, et n'oublie aucun de ses bienfaits ! » (Ps 103.2)

Au nom de Jésus Christ ! Ici, maintenant, et pour toujours, Gloire au Père, Gloire au Fils, Gloire au Saint-Esprit. Honneur et Respect aux Membres des Forces du Bien. Amen. Amen. Amen.

Manifeste quotidien pour une Merveilleuse Vie

(Pour activer le don de bien-être et de la réussite)

2ème partie : Acceptation du don d'une vie merveilleuse.

Je reçois à présent le don de l'Esprit Saint pour une Vie Merveilleuse. Amen.

Je reçois à présent le don de l'Esprit Saint, pour m'endormir chaque soir en visualisant mon bonheur avec foi.

Me réveiller le matin avec espoir, et de bonnes pensées dans le cœur, m'appuyer sur le Père Éternel, Dieu Merveilleux, et sur les Forces du Bien mes alliées, pour agir et réagir en paix dans la journée, concrétiser mes merveilleuses visions, avec persévérance et foi, afin que chaque instant de ma vie soit le fruit d'un accomplissement merveilleux.

Surtout, avant toute chose, je remercie le Père Éternel, Dieu Bon et Merveilleux.

Je remercie les Forces du Bien, mes alliées visibles et invisibles, d'ici et d'ailleurs.

Je remercie pour ma présence dans ce monde et pour tout ce que j'y accomplis dans le bon sens.

J'apprécie toutes les merveilles qui concourent à mon bien-être.

J'apprécie, aussi, les évènements qui enrichissent mon expérience.

Même si certains sont comme des épines d'une rose, ou le venin d'un serpent, ils enrichissent mon expérience pour que j'en fasse quelque chose de meilleur, avec l'aide de Dieu.

Et je me souviens que je sème mon bonheur au quotidien.

Je l'augmente chaque fois que je relativise ce qui m'accapare.

Jour après jour, année après année, je vis des instants magiques merveilleux, digne récompense des bons actes accomplis par des êtres merveilleux.

J'agis donc et réagis du mieux que je le peux. Pour le déroulement et le résultat, je m'en remets à Dieu Tout-Puissant par qui les obstacles disparaissent et la vie se poursuit harmonieusement dans le bon sens, avec succès.

« Merci SEIGNEUR, dès maintenant et pour toujours ! » (Ps 113.2)

« Mon âme, bénis l'Éternel, et n'oublie aucun de ses bienfaits ! » (Ps 103.2)

Au nom de Jésus Christ ! Ici, maintenant, et pour toujours, Gloire au Père, Gloire au Fils, Gloire au Saint-Esprit. Honneur et Respect aux Membres des Forces du Bien. Amen. Amen. Amen.

Manifeste pour Déclencher une Heureuse Transformation de la Vie

Grâce à Dieu, je passe à l'étape épanouissante de ma vie. Amen.

Je m'empresse de déclencher une heureuse et merveilleuse transformation de ma vie. Oui, je déclenche mon passage à l'étape de l'accomplissement de mon destin, que je trace continuellement, paisiblement, grâce à mes actes et à la Providence divine.

Je sais, je sens, et je suis persuadé, que je suis en train de me transformer en mieux pour passer à l'étape épanouissante de ma vie.

Je sais que tout est à l'œuvre en ce moment, et tout concourt à ce que tout soit parfaitement établi.

Oui, tout cela concourt harmonieusement à mon rayonnement, à mon épanouissement et à mon évolution.

Grâce à mes dons divins, surtout grâce à Dieu et à son amour pour moi. Grâce au pouvoir, forces, moyens et sagesse qui me parviennent de la Source divine éternelle, je vais réaliser des merveilles, je vais donner à cette nouvelle phase une dimension merveilleuse.

J'agis donc et réagis du mieux que je le peux. Pour le déroulement et le résultat, je m'en remets à Dieu Tout-Puissant par qui les obstacles disparaissent et la vie se poursuit harmonieusement dans le bon sens, avec succès.

« Merci SEIGNEUR, dès maintenant et pour toujours ! » (Ps 113.2)

« Mon âme, bénis l'Éternel, et n'oublie aucun de ses bienfaits ! » (Ps 103.2)

Au nom de Jésus Christ ! Ici, maintenant, et pour toujours, Gloire au Père, Gloire au Fils, Gloire au Saint-Esprit. Honneur et Respect aux Membres des Forces du Bien. Amen. Amen. Amen.

Manifeste pour Favoriser de Réjouissantes Opportunités

Je m'ouvre à la Vie et J'accepte ma Divine Transformation. Amen.

Heureux celui accepte sa transformation en Dieu l'Éternel.

Sur son chemin, Dieu l'Éternel a placé des alliés et des merveilles.

Face aux épreuves, Dieu l'Éternel lui envoie du secours.

Celui-là triomphe en tout, il triomphe partout !

Certains disent de lui qu'il réussit tout !

D'autres pensent, simplement, qu'il a de la chance surtout.

C'est un chanceux, il a beaucoup de chance, croient-ils !

Pourtant, il n'a fait que s'ouvrir à la vie en acceptant l'invitation de Dieu l'Éternel !

Moi aussi, je m'ouvre à la vie et j'accepte, volontiers, l'invitation de Dieu l'Éternel !

Lui qui sait transformer en ce qu'il y a de mieux, en ce qu'il y a de merveilleux, je souhaite qu'il me transforme en ce qu'il y a de mieux et de merveilleux à travers des actes paisibles et utiles.

« *Merci SEIGNEUR, dès maintenant et pour toujours !* » (Ps 113.2)

« *Mon âme, bénis l'Éternel, et n'oublie aucun de ses bienfaits !* » (Ps 103.2)

Au nom de Jésus Christ ! Ici, maintenant, et pour toujours, Gloire au Père, Gloire au Fils, Gloire au Saint-Esprit. Honneur et Respect aux Membres des Forces du Bien. Amen. Amen. Amen.

Prière « Notre Père »[1]
DÉVELOPPÉE POUR TOUTE SOLLICITATION

Notre Père qui es aux cieux.

Tu es Sagesse, Intelligence, Puissance, Perfection,...

Là où sont la Pureté et le Bien, se trouvent tes Cieux.

Ces attributs sont en nous, tes Cieux sont en nous et autour de nous.

Je souhaite qu'ils se manifestent davantage en nous et autour de nous. Amen.

Je souhaite que ton nom soit sanctifié.

Tu es Saint, je le sais et le reconnais consciemment.

Je reconnais également que nous sommes de ton Esprit Pur.

Car ton héritage en chacun de nous est Esprit Pur, Parfait.

Nous le sanctifions à présent pour réintégrer le chemin divin.

Et te prions, ô Père Éternel, notre Dieu, de nous sanctifier à ton image. Amen.

Je souhaite que ton règne, règne.

Ton Règne, Père Céleste, est Paix, Justice et Bonté

pour toute ta divine création, visible et invisible,

donc pour chacun et chacune de nous ici et partout ailleurs.

SEIGNEUR ! Je souhaite que ton Règne soit avec nous et partout. Amen.

Je souhaite que ta volonté soit faite sur la terre comme au ciel.

Ta volonté est de voir ta création évoluer dignement, paisiblement.

SEIGNEUR ! Je te supplie de nous donner la force de suivre ta volonté. Amen.

Je t'en supplie ! Aide-nous à gagner dignement notre pain quotidien.

---

1 Inspirée de la Puissante Prière enseignée par Jésus à ses disciples.

Le pain nourrit le corps, véhicule de l'Esprit. Un corps rassasié permet, à qui en a le désir, de se perfectionner dignement et paisiblement.

SEIGNEUR ! Je t'en supplie ! Aide-nous à gagner dignement notre pain quotidien spirituel et matériel. Merci SEIGNEUR.

Je t'en supplie ! Pardonne-nous nos offenses et donne-nous la force pardonner comme tu nous pardonnes, pour libérer nos cœurs, les disposer à mieux t'écouter et te comprendre davantage. Merci SEIGNEUR.

Je t'en supplie ! Aide-nous à ne point succomber à la tentation ni à la pression contrevenant à tes lois et règlements, et ainsi nous éviterons de te décevoir. Merci SEIGNEUR.

Je t'en supplie ! Délivre-nous du mal.

C'est là la demande primordiale et tu le sais ! Le mal engendre les maux et les faiblesses qui nous détournent de toi. Raison pour laquelle je t'en supplie ! Je t'en supplie !

Délivre-nous du mal, protège-nous du danger et aide-nous à agir et réagir dans le sens dont tu peux être fier. MERCI SEIGNEUR !

« Demandez, vous recevrez, frappez, on vous ouvrira, cherchez, vous trouverez. » (Matthieu 7.7)

« Merci SEIGNEUR, dès maintenant et pour toujours ! » (Ps 113.2)

« Mon âme, bénis l'Éternel, et n'oublie aucun de ses bienfaits ! » (Ps 103.2)

Au nom de Jésus Christ ! Ici, maintenant, et pour toujours, Gloire au Père, Gloire au Fils, Gloire au Saint-Esprit. Honneur et Respect aux Membres des Forces du Bien. Amen. Amen. Amen.

MANIFESTE POUR FAVORISER LE SUCCÈS DANS LES AFFAIRES COMMERCIALES

Je Souhaite que mon Esprit Créatif me Conduise. Amen.

Je souhaite que mon esprit créatif me conduise en plein Succès, dans le grand marché du flux et reflux commercial, où je vais me retrouver en constante relation avec une clientèle affluente, dans le cadre d'abondants échanges agréables.

Je souhaite que mes clients soient satisfaits et me satisfassent.

Je souhaite qu'ils soient de plus en plus nombreux.

Je souhaite une très bonne ambiance et un bon déroulement.

Je souhaite que mon chiffre d'affaires et mes finances évoluent.

Je souhaite avoir de bons contacts, de bons alliés, avec lesquels travailler en harmonie.

Grâce à Dieu, de grandes satisfactions viennent couronner mes efforts.

C'est Formidable ! C'est Merveilleux le Succès !

« Réjouis-toi en l'Éternel et il te donnera ce que ton cœur désire. » (Ps 27.4)

Je me réjouis en Dieu l'Éternel, car il me donne ce que mon cœur désire. Louange et Gloire au Père, au Fils, et au Saint-Esprit.

Et, *« Merci SEIGNEUR, dès maintenant et pour toujours ! »* (Ps 113.2)

« Mon âme, bénis l'Éternel, et n'oublie aucun de ses bienfaits ! » (Ps 103.2)

Au nom de Jésus Christ ! Ici, maintenant, et pour toujours, Gloire au Père, Gloire au Fils, Gloire au Saint-Esprit. Honneur et Respect aux Membres des Forces du Bien. Amen. Amen. Amen.

MANIFESTE POUR ATTIRER LE SUCCÈS

Merveilleux comme la lumière du soleil. Amen.

Incontestablement, tout ce qui existe sort de l'Esprit.

Le Succès est donc une splendide œuvre de l'Esprit.

Le moi profond, mon esprit, est actif et puissant. Ressourcé en l'Esprit, il me guide vers de verts pâturages et me conduit en plein Succès.

Ainsi, rassasié spirituellement, à présent, je me rassasie matériellement.

Car j'aime le Succès, Véritable libération ! Merveilleux comme la lumière du soleil,

il entre dans ma maison et illumine toute ma vie intérieure et extérieure, me comblant tant au niveau visible qu'invisible, matériel et spirituel.

Dans cette disposition, je souhaite que tous les aspects de ma vie professionnelle, financière, sentimentale et spirituelle, rayonnent divinement.

Raison pour laquelle je prends le chemin de la lumière divine étincelante.

Que c'est Merveilleux ! Quelle Merveille !

C'est Formidable ! C'est Fantastique ! Ma Réussite.

J'agis donc et je reste en paix, car Dieu l'Éternel met sur mon chemin plein de bonnes surprises.

« Merci SEIGNEUR, dès maintenant et pour toujours ! » (Ps 113.2)

« Mon âme, bénis l'Éternel, et n'oublie aucun de ses bienfaits ! » (Ps 103.2)

Au nom de Jésus Christ ! Ici, maintenant, et pour toujours, Gloire au Père, Gloire au Fils, Gloire au Saint-Esprit. Honneur et Respect aux Membres des Forces du Bien. Amen. Amen. Amen.

MANIFESTE POUR ATTIRER LA RICHESSE

Mon Grand et Fidèle Ami. Amen.

J'aime la Richesse et je m'enrichis en tout domaine.

J'aime la Richesse, c'est mon Grand et Fidèle Ami.

Mon Grand Fidèle Ami me parvient constamment.

Partout, il est avec moi et se multiplie davantage.

Je l'utilise pour acquérir les biens,

Réaliser de Grands Projets,

M'épanouir confortablement et aider.

Je donne avec aisance et je reçois toujours plus.

C'est beau, c'est noble, c'est Mon Grand et Fidèle Ami.

Mon Grand et Noble Ami me fait acheter ce que je désire.

Mon Grand Noble et Fidèle Ami me fait festoyer au quotidien.

C'est toujours le grand festin avec Mon Grand Noble et Fidèle Ami.

RICHESSE, RICHESSE, RICHESSE, MON GRAND NOBLE ET FIDÈLE AMI,

Partout, tu es avec moi, embellissant ma vie pour la rendre confortable.

C'est merveilleux ! C'est noble d'être riche, comblé en tout domaine.

*****

La Source intarissable me pourvoit largement de tout ce qui concourt à mon épanouissement et à mon bien-être,

« Merci SEIGNEUR, dès maintenant et pour toujours ! » (Ps 113.2)

« Mon âme, bénis l'Éternel, et n'oublie aucun de ses bienfaits ! » (Ps 103.2)

Prière Quotidienne pour Attirer l'Abondance

Au-delà de Tout ce que je Pouvais Imaginer. Amen.

En toi, je prends ma Force, ma Puissance et ma Gloire.

Et c'est merveilleux. Car mes désirs viennent de toi qui me révèles ces vérités pour que j'en jouisse et témoigne. Tout me vient de toi.

Tu me dis : à présent, viens chercher ta part ! Ma bien-aimée, viens festoyer !

Je me présente, quelle merveille, je n'en crois pas mes yeux, quel festin royal !

Tu m'offres au-delà de tout ce que je pouvais imaginer ! Qu'il en soit ainsi.

Tu m'élèves, tu me glorifies et ennoblis chaque aspect de ma vie.

Tu me combles merveilleusement dans tous les domaines.

Amen, je rends grâce et demeure attentif/ve à tes suggestions.

La Source intarissable me pourvoit largement de tout ce qui concourt à mon épanouissement et à mon bien-être,

« Merci SEIGNEUR, dès maintenant et pour toujours ! » (Ps 113.2)

« Mon âme, bénis l'Éternel, et n'oublie aucun de ses bienfaits ! » (Ps 103.2)

Au nom de Jésus Christ ! Ici, maintenant, et pour toujours, Gloire au Père, Gloire au Fils, Gloire au Saint-Esprit. Honneur et Respect aux Membres des Forces du Bien. Amen. Amen. Amen.

Manifeste pour Viser le Succès

(Pour baigner dans l'ambiance attractive de la réussite d'un projet)

Une Récompense Digne des Contes de Fées. Amen. (Bis)

Ce jour-là, je pourrai dire :

Ce que je vois dépasse ce que j'avais imaginé.

Ce que je reçois dépasse ce que j'espérais.

Le Père Éternel, mon Dieu, est vraiment très Bon.

Car tout ce qui m'arrive dépasse mes visions.

Tout ce qui m'arrive dépasse largement mes croyances d'autrefois.

Vraiment, l'Éternel, mon Dieu, est très Bon et très Généreux envers moi.

Par sa divine bonté, mon travail me comble au-delà de mes prévisions.

Raison pour laquelle je supplie le Père Éternel, mon Dieu, mon Créateur, de me garder sous sa précieuse protection, m'inspirer davantage et m'aider à agir et réagir avec succès dans le bon sens, honorant son saint nom, et celui de son Merveilleux Saint Fils, Jésus Christ.

« Merci SEIGNEUR, dès maintenant et pour toujours ! » (Ps 113.2)

« Mon âme, bénis l'Éternel, et n'oublie aucun de ses bienfaits ! » (Ps 103.2)

Au nom de Jésus Christ ! Ici, maintenant, et pour toujours, Gloire au Père, Gloire au Fils, Gloire au Saint-Esprit. Honneur et Respect aux Membres des Forces du Bien. Amen. Amen. Amen.

Manifeste pour Attirer Divers Dons

Ma Source est Dieu, qui procure tout don et bénédiction. Amen.

Me ressourçant dans ma Source Divine Infinie, voilà que je suis un esprit pur, matérialisé en un être Spirituel dans un corps jeune, beau, sain, en bonne santé, plein d'énergie positive et de vitalité renouvelée, avec beaucoup de Force d'attraction du Bien et notamment, la Paix en moi, autour de moi, car je souhaite la Paix et Bonté.

Je manifeste l'Harmonie entre mon corps et mon esprit, par mes pensées, mes paroles, mes actes, car je souhaite un fonctionnement harmonieux.

Je souhaite que la Sérénité s'installe en moi sous forme d'une confiance absolue en Dieu, en tout lieu et en toute circonstance, je souhaite garder la maîtrise, puisque Dieu est Omniprésent et qu'il me guide, me conseille et me protège.

Par sa grâce, ma puissance d'action se réveille avec beaucoup de capacité et de vigueur.

Car étant un être Spirituel, ce que je décrète en âme et conscience s'accomplit.

Mon pouvoir de guérison se perfectionne et j'obtiens la guérison de différents maux par la Puissance divine qui purifie, redonne vie à travers moi, témoignant ainsi de sa présence en moi, et me révélant ma vraie mission que je dois accomplir dans cette dimension.

Je prospère spirituellement et matériellement, car mes pensées sont divinement guidées. Des idées constructives de la Sagesse infinie montent à la surface de mon être.

Je souhaite donc que mes émotions soient apaisées. Car j'entre dans la salle de perfectionnement et de festin. De sorte que le grand confort majestueux entre et se propage dans ma vie.

Ma vraie place m'est révélée, où je mets à profit les idées divines qui me sont communiquées. Et mes revenus s'en trouvent amplement gratifiés. Mes affaires prospèrent davantage, qu'ainsi soit-il pour celles de mon époux/épouse, de mes enfants et des membres de ma famille.

C'est merveilleux ! Ainsi je renais à la vie et je découvre le vrai bonheur.

Alors, je repose ma confiance sur la Puissance divine omniprésente et partout active, elle me révèle ces vérités, pour que j'agisse, en jouisse et témoigne de la grandeur du Créateur, le Dieu Tout-Puissant et Bienveillant.

« Merci SEIGNEUR, dès maintenant et pour toujours ! » (Ps 113.2)

« Mon âme, bénis l'Éternel, et n'oublie aucun de ses bienfaits ! » (Ps 103.2)

Au nom de Jésus Christ ! Ici, maintenant, et pour toujours, Gloire au Père, Gloire au Fils, Gloire au Saint-Esprit. Honneur et Respect aux Membres des Forces du Bien. Amen. Amen. Amen.

Manifeste pour Renforcer la Conviction et Provoquer la Matérialisation

Un Parfum d'Harmonie et de Joie. Amen.

J'entre dans la Maison du Grand Roi. J'entre dans la Maison de la Joie.

Mon cœur palpite d'allégresse et de foi. Je suis l'invité/e du Grand Roi.

Il m'appelle à sa table. Je m'avance, plein de confiance, de fierté et de foi.

Je suis appelé/e, nommé/e à la table du SEIGNEUR de l'univers visible et invisible, dont il est le Roi.

Je suis dans la Maison du Roi, temple sacré, accueilli/e au son de la harpe, mélodie intemporelle. Revêtu/e de mes plus beaux habits, de la tête aux pieds, je dégage un parfum d'harmonie et de foi.

Tout sourire, le Grand Roi me regarde avancer, sous le sourire de sa cour.

Je souris, tout me sourit. Mon parfum remplit la cour, il remplit la Maison du Grand Roi. Je suis le messager porteur de foi.

Pour rien au monde, je n'aurais manqué ce rendez-vous, dans la Maison de la Foi.

Il m'invite au festin et à la danse, les sons mélodieux couvrent mes rouages. Je suis transporté, je suis transfiguré d'allégresse et de foi,

car « ce jour que fit le SEIGNEUR est un jour de joie[1]. »

« Merci SEIGNEUR, dès maintenant et pour toujours ! » (Ps 113.2)

« Mon âme, bénis l'Éternel, et n'oublie aucun de ses bienfaits ! » (Ps 103.2)

Au nom de Jésus Christ ! Ici, maintenant, et pour toujours, Gloire au Père, Gloire au Fils, au Saint-Esprit. Honneur et Respect aux Membres des Forces du Bien. …

---

1 Refrain d'un chant de l'Église catholique.

Prière pour Favoriser l'Accomplissement d'une Œuvre Utile

Ma Présence a une Signification Particulière dans ce Monde. Amen.

Tu as bien voulu, ô Éternel mon Dieu, m'inspirer dans la phase initiale de mes projets.

Daigne, désormais, je te prie, m'accorder les dons nécessaires à leur accomplissement, afin que s'ouvrent devant moi les portes qui conduisent au succès épanouissant.

Et que j'y rencontre des êtres divinement inspirés par ton Esprit de bonté et de sagesse, pour me soutenir, puisque tu nous as créés en multitude pour que nous agissions ensemble, nous précisant, par Jésus Christ ton Merveilleux Saint Fils, que « *là où deux ou trois sont réunis à mon nom, je suis parmi eux.* » (Matthieu 18.20)

Toi qui aimes voir l'union constructive entre tes enfants, tu nous as créés d'esprit et de matière afin que nous puissions évoluer au meilleur niveau de conscience, tout en profitant de la jouissance des biens matériels.

Je connecte donc ma conscience à l'Esprit divin, afin de recevoir les inspirations et soutiens utiles, pour réaliser mes bons projets et atteindre mes objectifs. En effet, je suis persuadé que ma présence a une signification particulière dans cet univers. Et qu'en me connectant à toi ma Source, je réaliserai et accomplirai ce qu'il y a de mieux, pour donner à ma vie toute sa dimension, tout en te rendant gloire, ô Père Éternel !

« *Merci SEIGNEUR, dès maintenant et pour toujours !* » (Ps 113.2)

« *Mon âme, bénis l'Éternel, et n'oublie aucun de ses bienfaits !* » (Ps 103.2)

Au nom de Jésus Christ ! Ici, maintenant, et pour toujours, Gloire au Père, Gloire au Fils, Gloire au Saint-Esprit. Honneur et Respect aux Membres des Forces du Bien. Amen. Amen. Amen.

MANIFESTE POUR FAVORISER LA RÉALISATION D'UN SOUHAIT

Sur la Route des Grandes Réalisations. Amen.

Je remonte à la Source de toute création, au début du commencement, et je me retrouve dans la caverne cosmique des créations et reproductions.

Je n'en crois pas mes yeux, quelles merveilles ! Je n'en crois pas mon imagination.

Pourtant, force est de constater que de toute part, je suis entouré de merveilles. Je m'avance légèrement, quelle surprise ! Je viens de poser mes yeux sur mon planning, celui que Dieu a prévu sur mon parcours. J'admire attentivement cette liste que je viens de découvrir, mais qui pourtant était devant moi. Je suis tout retourné d'émerveillement.

Ainsi, sont programmées pour moi plein de réalisations à concrétiser, mille merveilles !

Je suis enchanté/e, mille millions de merveilles ! Moi aussi, je suis une merveille des merveilles de l'univers. Je reprends donc mon chemin, avec cette nouvelle vision qui m'est révélée de ma place dans cette dimension et dans le Royaume divin. Car toi, ô Père Éternel mon Dieu, Source de toutes les sources, tu m'appelles au festin. Sur la route des grandes réalisations, c'est là mon destin.

Je conçois donc avec enthousiasme, dans l'esprit d'entreprise que tu m'as soufflé. Car, je sais maintenant, ô Père Éternel, mon Dieu, que je suis né/e pour entreprendre des merveilles.

Je me connecte donc à l'Esprit divin, pour jouir d'une meilleure direction de mes pensées, de mes paroles et de mes actes dans l'accomplissement de ces missions, utiles et paisibles.

« Merci SEIGNEUR, dès maintenant et pour toujours ! » (Ps 113.2)

« Mon âme, bénis l'Éternel, et n'oublie aucun de ses bienfaits ! » (Ps 103.2)

Prière pour Réaliser des Œuvres Épanouissantes

Les Cloches de la Joie. Amen.

Que les portes du désespoir et des déceptions se ferment devant moi.

Que les portes de la gloire s'ouvrent devant moi et que sonnent les cloches de la joie.

Que les chants d'allégresse et sons mélodieux inondent la terre pour la Gloire de Dieu Père Éternel !

Que tout mon être s'apaise complètement, pour me laisser me réjouir de la bonne nouvelle !

Car voici venu le moment, le moment tant attendu où je vais entrer en scène accomplir ma mission.

Oui, Père Éternel, mon Dieu, voici venu le moment, le moment tant attendu !

Je t'en supplie ! Accorde à ton ouvrier/ère ta bénédiction. Donne-lui le pouvoir d'accomplir des merveilles.

Oui, ton ouvrier/ère contribuera à faire connaître tes merveilleuses largesses.

Oui, ton ouvrier/ère contribuera à faire connaître ta fidélité qui dure de génération en génération à travers les âges.

Oui, ton ouvrier/ère contribuera à faire manifester ta Gloire, car c'est à toi qu'elle appartient.

Alors, je t'en supplie ! Accorde à ton ouvrier/ère ta bénédiction, les moyens intellectuels.

Accorde lui aussi les moyens financiers, le pouvoir et les alliés divinement inspirés.

Et ton ouvrier/ère accomplira ses tâches avec succès, pour ta Gloire, et tu lui donneras la jouissance pour manifester ta Gloire.

Et encore, ô Père Éternel, mon Dieu ! Je t'en supplie ! Lorsque ton ouvrier/ère te parle, te prie, t'invoque, ou se trouve dans la nécessité, dans la détresse ou t'appelle au secours, daigne lui répondre sans trop tarder. Ainsi, ton ouvrier/ère saura que c'est toi son Dieu, non seulement son imagination ou des coïncidences.

Ô Père Éternel, mon Dieu ! Moi aussi je suis ton ouvrier/ère, car tu as des ouvriers et ouvrières à tous les niveaux, dans tous les domaines et à chaque génération à travers les âges. Je ne doute nullement de toi, seulement, je souhaite comprendre mieux, non pas pour voir, mais pour mieux agir qu'autrefois.

Je sais que tu me parles, mais, souvent, je ne comprends pas bien. Je sais également que tu m'assistes, que tu me soutiens, tu m'exauces. Mais, souvent, je fais l'amalgame.

Je sais surtout que tu es patient envers chacun et chacune de nous, car tu ne veux perdre aucune personne.

Alors, ô Père Éternel, mon Dieu, je m'en réjouis puisque tu es patient envers moi, et tu me soutiens divinement.

J'agis donc avec persévérance et foi, puisque je bénéficie de tes divins appuis, ils font de moi un être meilleur qu'autrefois. Pour le résultat, je m'en remets à toi, Père Éternel, mon Dieu.

« Merci SEIGNEUR, dès maintenant et pour toujours ! » (Ps 113.2)

« Mon âme, bénis l'Éternel, et n'oublie aucun de ses bienfaits ! » (Ps 103.2)

Au nom de Jésus Christ ! Ici, maintenant, et pour toujours, Gloire au Père, Gloire au Fils, Gloire au Saint-Esprit. Honneur et Respect aux Membres des Forces du Bien. Amen. Amen. Amen.

Prière pour Assouvir le Désir de Mieux Faire

Dieu l'Éternel me Guide, me Conseille, me Soutient et m'Instruit. Amen.

Père Éternel, mon Dieu, je me tourne vers toi, qui sais tout !

Oui, Père Éternel, mon Dieu, je m'en remets à toi, qui vois tout !

Oui, Éternel, Père Éternel, mon Dieu, je me confie à toi, qui peux tout !

Et je te prie de me guider sur le chemin qui mène à la connaissance et à l'élévation paisible.

Je te prie de me conseiller sur mes choix qui tracent mon divin chemin, me soutenir pour mes actes qui garnissent mon parcours, et, surtout, m'apprendre à agir et réagir avec sagesse et intelligence en toute circonstance, afin que mes actes et mes attitudes soient le reflet de l'être à l'écoute de toi, Dieu le Père Éternel.

Ô toi qui sais si bien guider, conseiller, soutenir et instruire, je te manifeste ma reconnaissance.

Mon cœur est en paix, mon être est joyeux, mon âme est à la fête. Car toi, mon Dieu, tu es avec moi, en moi et autour de moi, tout ira bien.

Et désormais, par toi, je me relève et m'élève avec grâce et audace, pour agir avec persévérance et foi en toi.

« Merci SEIGNEUR, dès maintenant et pour toujours ! » (Ps 113.2)

« Mon âme, bénis l'Éternel, et n'oublie aucun de ses bienfaits ! » (Ps 103.2)

Au nom de Jésus Christ ! Ici, maintenant, et pour toujours, Gloire au Père, Gloire au Fils, Gloire au Saint-Esprit. Honneur et Respect aux Membres des Forces du Bien. Amen. Amen. Amen.

Manifeste Quotidien pour la Motivation et Trouver Son Vrai But

Je ne suis pas du tout ici pour rien. Amen.

Je prends conscience, et je suis persuadé/e, que je ne suis pas du tout ici pour rien.

Je fais partie de l'élite du Tout-Puissant et j'ai différentes missions à accomplir.

Pour cela, je suis ici pour me perfectionner, je suis ici pour évoluer.

Je suis donc ici pour m'élever au meilleur niveau de conscience.

Je peux agir et réagir, alors, je me mets intensément à l'œuvre.

Et je sais que j'ai en moi la force, la puissance et le pouvoir divins.

Je sais que j'ai également en moi la sagesse et l'intelligence divines, dons divins qui me permettent d'accomplir, avec succès, ce que j'entreprends.

Je suis donc ici pour réussir, tout en jouissant paisiblement et sagement des richesses de ce monde.

Ces richesses sont l'élévation spirituelle, la santé, la sécurité, la paix, l'amour, la prospérité, le succès dans mes actions, l'épanouissement des miens, l'acquisition des biens meubles, et immeubles, les loisirs, l'aide à mon prochain, la beauté et la jeunesse, ..., éternelles.

Je remercie Dieu le Père Éternel, qui fait de moi un membre de son élite, témoin actif de sa divine présence active.

« SEIGNEUR, conduis-moi sur le chemin de la vérité. Enseigne-moi, car tu es le Dieu qui me sauve et je compte sur toi » (Ps 25.5)

« Merci SEIGNEUR, dès maintenant et pour toujours ! » (Ps 113.2)

Prière pour Rechercher sa Véritable Voie et Accomplir son Destin

(Lorsque vous êtes convaincu/e que votre destin est ailleurs)

Éternel, ô Éternel, mon Dieu, Bon et Miséricordieux !

Parfois, je ne sais quoi dire, parfois, également, je ne sais quoi faire.

Oui Père Éternel, mon Dieu, il y a des moments où je me demande où se trouve ma voie, tant j'ai parfois l'impression de tourner en rond, sans faire ce que je dois.

Et d'autres moments où je me dis, je suis vraiment sur ma voie, lorsque j'agis et fais dignement ce qui, sur mon parcours, se présente à moi.

Mais ce qui me rassure, face à toutes ces questions, c'est ton amour, ô toi qui réponds à toutes mes questions pour peu que j'y prête attention.

Par ta Grâce je poursuis ma voie et, avec foi, je fais dorénavant ce qui s'y trouve. Car j'ai bien compris que c'est en agissant que j'avance sûrement sur ma voie.

Oui, mes actes tracent mon divin parcours et ma voie.

Alors, point d'hésitation, j'agis en faisant confiance à l'Esprit merveilleux qui, sur mon passage, assure le déroulement des évènements de mon divin destin.

Et face à tout cela, je te prie en te suppliant ô Père Éternel, mon Dieu, mon Créateur, de m'aider à prendre les bonnes décisions, à opérer les choix me permettant de mener une vie belle et sainte, honorant ainsi ton saint nom, et celui de ton Merveilleux Fils, Jésus Christ.

« Merci SEIGNEUR, dès maintenant et pour toujours ! » (Ps 113.2)

Au nom de Jésus Christ ! Ici, maintenant, et pour toujours, Gloire au Père, Gloire au Fils, Gloire au Saint-Esprit. Honneur et Respect aux Membres des Forces du Bien. Amen. Amen. Amen.

Manifeste pour Favoriser l'Aboutissement d'une Œuvre en cours

Ma Promise. Amen.

Ô toi, ma Promise ! Tu arrives ! Je me prépare pour te recevoir.

Pendant que tu t'achemines vers moi, je fais le point, je mets de l'ordre, vérifie et contrôle que tout soit parfait, en attendant patiemment ta venue.

Avec toi, ma transformation sera complète et plus rien ne sera comme avant.

Toi qui me feras connaître des situations plus voluptueuses et épanouissantes, des endroits encore plus merveilleux, des relations plus paisibles, dans le cadre d'ambiances chaleureuses et sympathiques, maintenant que je connais ton doux visage, je me calme et patiente, puisque bientôt, tu arrives ô toi ma promise ! (préciser vos souhaits)

« Ce jour que fit le SEIGNEUR est un jour de joie . »

« Merci SEIGNEUR, dès maintenant et pour toujours ! » (Ps 113.2)

« Mon âme, bénis l'Éternel, et n'oublie aucun de ses bienfaits ! » (Ps 103.2)

Au nom de Jésus Christ ! Ici, maintenant, et pour toujours, Gloire au Père, Gloire au Fils, Gloire au Saint-Esprit. Honneur et Respect aux Membres des Forces du Bien. Amen. Amen. Amen.

Manifeste pour Réactiver son Pouvoir de Réalisation des Projets

Je Suis Capable de Bien Mieux. Amen.

Celui qui marche avec constance et régularité, dans le même sens, avance toujours : c'est la règle.

Je suis une manifestation de l'esprit de progression, venant du Tout.

Je fais partie du Tout, je suis donc capable de bien mieux.

Agir, agir sans faillir, tel est mon destin, le destin de l'être humain.

Agir sans faillir, telle est ma victoire, la gloire de l'esprit de liberté.

En faisant matérialiser mon être dans ce monde, l'Esprit Créateur a misé sur moi.

Je veux agir sans faillir, je veux activer mes pouvoirs de réalisation, et l'Esprit connaîtra la gloire, et moi la jouissance, ainsi j'accomplirai mon destin.

J'entre donc à l'œuvre pour faire dignement le nécessaire, tout le nécessaire, sans faillir.

Je connais le chemin, je connais la route. Peu importe les ombres sur mon passage, pour œuvrer intensément avec dignité, je n'ai qu'à avancer avec fidélité et foi, et l'Esprit connaîtra la gloire, et moi la jouissance, ainsi j'accomplirai fidèlement mon destin.

« Merci SEIGNEUR, dès maintenant et pour toujours ! » (Ps 113.2)

Au nom de Jésus Christ ! Ici, maintenant, et pour toujours, Gloire au Père, Gloire au Fils, Gloire au Saint-Esprit. Honneur et Respect aux Membres des Forces du Bien. Amen. Amen. Amen.

Prière pour Favoriser la Sérénité et la Réalisation des Projets en cours

C'est de Toi que Me Viennent Mon Pouvoir et Mon Salut. Amen.

Je me retourne vers toi, et je regarde.

Je t'adresse ma prière, et je t'écoute, puis j'attends.

Oui, je t'écoute et j'attends, car c'est de toi que me vient mon salut.

Oui, c'est de toi que me vient la jouissance d'innombrables merveilles.

Alors, j'entreprends et j'attends les produits, je plante, arrose et j'attends la récolte.

Par ta Grâce, je ne resterai jamais inactif/ve, tant que je vivrai, j'agirai et récolterai de bons fruits.

Je ne me reposerai que pour reprendre des forces, réfléchir, patienter ou contempler.

Si j'avais de mauvaises intentions, j'aurais peur des conséquences de mes actes. Mais je n'ai pas de mauvaises intentions et tu connais bien mon cœur.

Alors, j'agis et je t'écoute, puis j'attends, car j'espère que ma récompense ne saurait tarder. Non, par ta Grâce, ma récompense ne saurait tarder. Alors, je me détends, m'apaise, et je continue d'œuvrer, puisque bientôt, oui bientôt, arrive le temps de la moisson, une moisson belle et abondante, par ta Grâce.

« Merci SEIGNEUR, dès maintenant et pour toujours ! » (Ps 113.2)

« Mon âme, bénis l'Éternel, et n'oublie aucun de ses bienfaits ! » (Ps 103.2)

Au nom de Jésus Christ ! Ici, maintenant, et pour toujours, Gloire au Père, Gloire au Fils, Gloire au Saint-Esprit. Honneur et Respect aux Membres des Forces du Bien. Amen. Amen. Amen.

Prière pour Favoriser la Continuité des Actions Engagées

La Découverte de l'Essentiel. Amen.

Père Éternel, mon Dieu, mon Créateur !

Je te rends grâce pour chaque jour de mon existence dans cette dimension, et notamment pour tous les appuis, ainsi que pour toutes les inspirations dont je bénéficie.

Je te remercie pour tes nombreux messages et soutiens, tant pour moi-même que pour les miens ainsi que pour mon monde et, à présent je pense avoir fait un grand pas en découvrant l'essentiel, qui est ta Source divine et ses innombrables merveilles, que je veux connaître profondément pour agir au mieux par la sagesse que tu m'inspires, les moyens que tu mets à ma disposition,

Je te prie, ô Père Éternel, mon Dieu, mon Créateur, de bien vouloir éclairer ma conscience tout au long de ma vie, afin de m'aider à bien mener toutes mes actions engagées et à venir.

Et encore, ô Père Éternel, mon Dieu, mon Créateur, tout en me permettant de préparer une bonne réincarnation dans un contexte évolutif, favorable à la perfection, je te prie de m'accorder une longue vie pour que je renforce et pérennise les œuvres que j'entreprends dans le bon sens.

Car, *« la part que tu me donnes, je l'apprécie… »* (Ps 16.6) et je souhaite la faire prospérer, et ainsi manifester ta Grandeur.

« Merci SEIGNEUR, dès maintenant et pour toujours ! » (Ps 113.2)

« Mon âme, bénis l'Éternel, et n'oublie aucun de ses bienfaits ! » (Ps 103.2)

Au nom de Jésus Christ ! Ici, maintenant, et pour toujours, Gloire au Père, Gloire au Fils, Gloire au Saint-Esprit. Honneur et Respect aux Membres des Forces du Bien. Amen. Amen. Amen.

Manifeste pour Favoriser l'Accès à un Bon Emploi, avoir une Promotion

Ma Part et ma Vraie Place. Amen.

Dieu nourrit les animaux sauvages, et combien de fois les hommes qu'il a créés à son image ! Il suffit en réalité d'aller chercher sa part.

Et il est vrai que ce qui est à moi, nul..., nul ne peut me l'enlever sinon moi-même par inaction. Je reste actif/ve, motivé/e et déterminé/e, puisque toi, Éternel, tu me vois d'ores et déjà là où je me rends, et tu me demandes de poursuivre, de continuer sans crainte.

C'est pourquoi je suis convaincu/e que ma part et ma vraie place m'attendent quelque part, où je me retrouverai très bientôt.

Je repose ma confiance sur toi, Puissance infinie qui sait tout, peut tout.

Tu me révèles ma vraie place, une activité dans un cadre paisible, évolutif, avec une excellente rémunération, des horaires souples. Car j'aime travailler avec enthousiasme dans une bonne ambiance, avec des relations paisibles et harmonieuses. Cet équilibre me permet de contribuer joyeusement à la vie active et d'assurer mon épanouissement à travers mes efforts.

C'est formidable d'évoluer de plus en plus haut, et de Prospérer.

*****

La Source intarissable me pourvoit largement de tout ce qui concourt à mon épanouissement et à mon bien-être,

« *Merci SEIGNEUR, dès maintenant et pour toujours !* » (Ps 113.2)

« *Mon âme, bénis l'Éternel, et n'oublie aucun de ses bienfaits !* » (Ps 103.2)

Prière à Dieu le Père Éternel pour une Activité Épanouissante

Ce qu'il y a de Mieux Pour Moi. Amen.

Père Éternel, mon Dieu ! Mon Créateur !

Tu m'as fait don de vie, sans que je t'en fasse la demande.

Et depuis que je me suis rendu/e compte que c'est un don merveilleux, je le préserve de tout mon être, puisque je souhaite le garder le plus longtemps possible.

Je t'en remercie et te rends infiniment grâce pour ce don tout à fait extraordinaire et magnifique.

À présent que tu m'as fait don de vie, que j'aime tellement au point de vouloir le préserver longtemps, je ne peux prétendre savoir au mieux ce qui me convient, alors que toi tu sais mieux que moi ce qu'il me faut pour vivre au mieux et jouir paisiblement, intensément, du don de vie que tu m'as offert, tout en restant proche de toi.

Pour cela, je te prie humblement, Père Éternel, mon Dieu, mon Créateur, de me faire comprendre ce que je dois faire dans ma vie afin qu'elle soit utile à moi, à mon entourage ainsi qu'à mon monde, pour ta Gloire.

Car je sais, ô Père Éternel, mon Dieu, mon Créateur, que tu m'as donné ce qui me convient de sorte qu'aussitôt, j'en aurai pris conscience, je l'apprécierai pleinement comme j'apprécie la vie.

Ô toi qui vois la meilleure voie pour moi, j'accepte volontiers que ta volonté soit faite. Car elle me conduit vers ce qu'il y a de mieux pour moi, pour mon entourage, pour mon monde et pour ta Gloire.

« Merci SEIGNEUR, dès maintenant et pour toujours ! » (Ps 113.2)

« Mon âme, bénis l'Éternel, et n'oublie aucun de ses bienfaits ! » (Ps 103.2)

PRIÈRE POUR SE DONNER UNE ORIENTATION ÉPANOUISSANTE

À RÉCITER PLUSIEURS FOIS DANS LA JOURNÉE PENDANT UNE LONGUE PÉRIODE.

Pour changer d'orientation et faire ce qu'il y a de mieux.

Éternel, ô Père Éternel, Dieu Bon et Merveilleux !

Tu as bien voulu saisir ma conscience de vérités motivantes.

Tu as bien voulu saisir mon être de ta divine sagesse éclairante.

Tu as bien voulu susciter en moi des désirs d'accomplissements merveilleux.

Ô toi la Merveille, la Source de toutes les sources, je te bénis et te glorifie. Tu m'as donné le don de passer par toi, pour que tu passes par moi.

Et désormais, par ton soutien motivant, je deviens un être nouveau. Car tu me laisses l'accès aux accomplissements qu'autrefois je ne pouvais envisager.

Quant à moi, je suis prêt/e pour passer à l'étape suivante des réalisations que tu attends de moi.

Alors mon cœur palpite de foi, car tu passes par moi aussi. Et tu rends le chemin de ma vie évolutivement merveilleux, c'est motivant ! Alors, à moi de m'activer avec persévérance et foi en toi.

Raison pour laquelle, je te prie en te suppliant ô Père Éternel, mon Dieu, mon Créateur, de m'aider à prendre les bonnes décisions, à opérer les choix me permettant de mener une belle et sainte vie, honorant ton saint nom, et celui de ton Merveilleux Fils, Jésus Christ.

« Merci SEIGNEUR, dès maintenant et pour toujours ! » (Ps 113.2)

« Mon âme, bénis l'Éternel, et n'oublie aucun de ses bienfaits ! » (Ps 103.2)

Prière pour Favoriser la Réalisation d'Objectifs Conformes à sa Passion

Mon Véritable Soutien. Amen.

Père Éternel, mon Dieu, mon Créateur !

Je te remercie pour les épreuves que tu m'aides à surmonter.

Ainsi, je te remercie pour la force, le courage et la sagesse que tu m'inspires. Toi, mon soutien, qui me permets de continuer mon parcours, avec foi et dignité, sans baisser les bras.

Dorénavant, je souhaite éviter ce que tu désapprouves. Pour cela, je m'en remets à toi et t'implore de me faire comprendre ce qu'il convient que je fasse pour éviter d'agir en fonction des apparences qui tendent à m'égarer de mes objectifs et de ma voie.

Père Éternel, mon Dieu, mon Créateur ! Je crois être prêt/e pour œuvrer selon ta volonté et réaliser ma passion. Pour cela, je te prie humblement de m'aider.

Je sais que tu vises mon évolution au meilleur niveau de conscience.

Alors je t'en prie ! Aide-moi à découvrir et à entreprendre ce qui déclenchera mon épanouissement véritable. Et tu pourras te réjouir de me voir jouer mes rôles avec aisance, accomplir ma mission avec passion, honorant ainsi ton saint nom, et celui de ton Merveilleux Saint Fils, Jésus Christ.

« Merci SEIGNEUR, dès maintenant et pour toujours ! » (Ps 113.2)

« Mon âme, bénis l'Éternel, et n'oublie aucun de ses bienfaits ! » (Ps 103.2)

Au nom de Jésus Christ ! Ici, maintenant, et pour toujours, Gloire au Père, Gloire au Fils, Gloire au Saint-Esprit. Honneur et Respect aux Membres des Forces du Bien. Amen. Amen. Amen.

PRIÈRE POUR FAVORISER L'ACCOMPLISSEMENT DE SA MISSION TERRESTRE

(POUR DÉCOUVRIR ET RÉALISER L'OBJECTIF QUI OUVRE LES PORTES DE L'ÉPANOUISSEMENT TOTAL)

Je Suis, moi aussi, une Semence de Dieu l'Éternel. Amen.

Père Éternel !

Je reviens humblement vers toi, toi le Tout-Puissant, le Très-Haut, car c'est toi mon Dieu, mon Créateur, qui as bien voulu m'introduire dans cet univers.

Tel un jardinier sélectionne sa graine et la plante dans un coin précis de son jardin, tu m'as introduit dans ce monde, plus exactement dans cette famille, à cet endroit précis.

Aussi, je reviens vers toi, car tu sais très bien qui je suis. Tu sais ce que tu attends de moi.

Tu sais donc très bien ce que je suis venu faire dans ce monde. Tu sais également ce dont j'ai besoin pour jouer mes rôles, atteindre mes objectifs et accomplir ma mission pour donner un sens véritable à ma vie.

Je vais bientôt fêter une autre nouvelle année d'existence dans ce monde où le temps semble passer vite.

Alors, je me pose des questions sur l'être que je suis, et j'espère des réponses concrètes.

J'ai compris que c'est vers toi que je dois me tourner, toi mon Créateur, la Source de ma vie.

Alors, toi qui connais très bien mon parcours, je te prie humblement de m'indiquer mon chemin, me donner la force, le courage et la sagesse, ainsi que les moyens pour le suivre jusqu'au bout.

Ainsi, tu transformeras ton arbuste en bel arbre fruitier de ton jardin, dont tu seras fier. Arrosé de tes merveilles, je grandirai pour produire, en abondance, les fruits que tu attends.

Je suis en paix, car c'est toi qui as saisi ma conscience de cette vérité.

Alors, par mon acceptation expresse et mon consentement, je souhaite que tout ce que j'entreprends dans le bon sens se déroule bien et soit couronné de succès, par ta Grâce.

« Merci SEIGNEUR, dès maintenant et pour toujours ! » (Ps 113.2)

« Mon âme, bénis l'Éternel, et n'oublie aucun de ses bienfaits ! » (Ps 103.2)

Au nom de Jésus Christ ! Ici, maintenant, et pour toujours, Gloire au Père, Gloire au Fils, Gloire au Saint-Esprit. Honneur et Respect aux Membres des Forces du Bien. Amen. Amen. Amen.

Manifeste pour Favoriser la Transformation de son Existence

(À faire au quotidien pendant un certain temps)

Le Chemin de la Gloire. Amen.

Je prends à présent le chemin de la gloire.

Et je me dirige vers une transformation radicale de ma vie.

Je chemine sur une voie conduisant à mon épanouissement.

Cette voie me mène aux grandes satisfactions et à mon élévation.

Quelque chose de merveilleux se prépare actuellement, je le ressens.

Oui ! Je pressens que quelque chose de formidable va se produire, pour changer toute mon existence en ce qu'il y a de mieux pour moi.

De plus, tous les contacts spirituels que j'entretiens régulièrement avec la Source, me libèrent et me font renaître dans le Royaume infini de Paix, d'Harmonie, d'Amour, de Joie, de Sécurité et de Prospérité, où je jouis intensément et paisiblement de tous mes acquis.

Assez ! Doute, peur, colère ! J'accède à la liberté, à l'apaisement divin de la vie évolutive et glorieuse.

La Source infinie a exaucé mes prières !

Voyez ! Comme c'est Merveilleux !

« Mon Dieu tu es infiniment grand ! Tu es revêtu d'éclat et de magnificence ! » (Ps 104.1)

Le Dieu Tout-Puissant me libère et me comble harmonieusement.

« Merci SEIGNEUR, dès maintenant et pour toujours ! » (Ps 113.2)

« Mon âme, bénis l'Éternel, et n'oublie aucun de ses bienfaits ! » (Ps 103.2)

Prière pour Favoriser l'Accomplissement de son Destin

(Réponse Favorable à l'Insistant Appel du SEIGNEUR)

Un manteau peint aux couleurs flamboyantes de victoires. Amen.

Ô Père Éternel, mon Dieu ! J'entends ton insistant appel !

Oui Éternel ! Tu me rappelles la mission que tu m'as confiée.

Tu m'as tissé un grand manteau au fil d'épreuves, peint aux couleurs flamboyantes de victoires. Tu m'as donné un navire avec une coque solide. Et des voiles résistantes.

Les règles et conditions de navigation sont claires. Je cherche à mieux les connaître, pour mieux les comprendre et les maîtriser.

Mais toi, ô Père Éternel ! Toi le Dieu Tout-Puissant, mon Créateur ! Tu as tout prévu.

Tu sais ce dont j'ai besoin pour porter mon manteau, couleurs flamboyantes de victoires, hisser mes voiles et prendre le large, chemin de l'accomplissement de ma mission.

Oui, tu sais tout, tu as tout prévu, et tu as confiance en moi, quelle merveille !

« Tu me connais parfaitement. Pour moi c'est trop beau ! » (Ps 139.6)

Quelle faveur puis-je te demander encore, alors que tu as déjà tout prévu. Le courage, la force, la motivation et la détermination, m'animent déjà !

Tandis que ta Sagesse me précède, m'accompagne et partout me suit.

Les alliés, les moyens, chaque chose, en son temps, me parvient.

Oui ! Tu m'as déjà tout donné, je n'ai qu'à agir pour m'en apercevoir en voyant ta volonté, à travers moi aussi, s'accomplir et ma vie prendre tout son sens, pour mon bonheur et pour ta gloire, car *« la part que tu me donnes, je l'apprécie »* (Ps 16.6) et je souhaite la faire prospérer dignement, tout au long de ma vie.

Raison pour laquelle je te prie en te suppliant ô Père Éternel, mon Dieu, mon Créateur, de m'aider à prendre les bonnes décisions, à opérer les choix me permettant de mener une vie belle et sainte, honorant ainsi ton saint nom, et celui de ton Merveilleux Fils, Jésus Christ.

« Merci SEIGNEUR, dès maintenant et pour toujours ! » (Ps 113.2)

Au nom de Jésus Christ ! Ici, maintenant, et pour toujours, Gloire au Père, Gloire au Fils, Gloire au Saint-Esprit. Honneur et Respect aux Membres des Forces du Bien. Amen. Amen. Amen.

Manifeste pour Favoriser le Bon Démarrage d'une Œuvre

Sésame Ouvre-toi !

Me voici, ô mon bien-aimé, devant ta porte dorée !

Avec plein de présents et un énorme bouquet de fleurs de foi !

Signe de mon amour pour toi, cueillies en cours de route qui me mène à toi !

Annonce mon arrivée à la cour du palais et hisse tout haut le drapeau sur le toit !

Fais sonner le gong pour mon arrivée, car j'ai marché toute la nuit jusqu'à toi !

Ainsi mon bien-aimé, j'ai fait ma part de route et, à présent comme promis, me voici devant toi ! Le cœur battant d'allégresse et de foi !

Me rappelant très justement de ce qu'autrefois tu avais promis, ma foi !

Alors, seigneur, ô mon bien-aimé, ouvre-moi ta porte des merveilles !

Et que descende sur moi l'esprit magnifique des grâces et des merveilles !

Ta porte s'ouvre ! Oui ! Oui ! Elle s'ouvre ! Tu m'ouvres la porte des merveilles !

Je la pousse, et nous y voilà ! Nous y voilà ! Le grand jour tant attendu est arrivé, tout est prêt, je me sens tout/e béat/e !

« Merci SEIGNEUR, dès maintenant et pour toujours ! » (Ps 113.2)

« Mon âme, bénis l'Éternel, et n'oublie aucun de ses bienfaits ! » (Ps 103.2)

Au nom de Jésus Christ ! Ici, maintenant, et pour toujours, Gloire au Père, Gloire au Fils, Gloire au Saint-Esprit. Honneur et Respect aux Membres des Forces du Bien. Amen. Amen. Amen.

Prière Avant le Début d'une Œuvre

Mon Espoir Repose sur Dieu, et il est Grand. Amen.

Père Éternel, mon Dieu, mon Créateur !

Je te remercie et te rends grâce pour mon projet qui va voir le jour.

Je te remercie et te rends grâce pour m'avoir donné la force de mener sa phase initiale à son terme.

Je te remercie et te rends grâce pour les conditions, aides et appuis dont j'ai bénéficié durant cette période.

Et je te prie, ô Père Éternel, mon Dieu, que soit béni mon projet dont la phase publique va commencer.

Que soient bénis tous ceux et toutes celles qui m'ont d'ores et déjà soutenu durant sa phase initiale.

Que soient bénis tous ceux et toutes celles qui vont concourir à la poursuite de sa réalisation et de sa finalisation.

Que soient bénis le jour de son apparition en public, et tout son cheminement et sa finalité.

Et encore, ô Père Éternel, mon Dieu, je souhaite que mon œuvre connaisse de longues années de prospérité.

Que mon œuvre apporte une grande satisfaction à un public innombrable.

Mon espoir est grand car ma confiance repose sur ta miséricorde, ô Père Éternel mon Dieu.

« Merci SEIGNEUR, dès maintenant et pour toujours ! » (Ps 113.2)

« Mon âme, bénis l'Éternel, et n'oublie aucun de ses bienfaits ! » (Ps 103.2)

Prière pour Favoriser la Réalisation d'un Grand Exploit

Que Dieu l'Éternel Porte Très Haut Mon Exploit, pour sa Gloire. Amen.

Père Éternel, mon Dieu, mon Créateur !

C'est toi que j'adore ! C'est toi que je glorifie tout le temps !

C'est toi le Très-Haut ! C'est toi la Merveille ! C'est toi le Tout-Puissant !

Pourtant, tu me trouves magnifique ! Tu me guides, me protèges et me combles !

Où que je sois, quoi que je fasse, même si je te boude, tu ne me délaisses pas. Merci SEIGNEUR pour ton indulgence ! Tu le sais ! C'est souvent plus fort que moi.

Alors, mon Dieu, je souhaite davantage t'écouter, t'honorer, te glorifier et t'adorer !

C'est toi ma Source ! Jour et nuit, tu es avec moi, et tu veux me le faire comprendre. Oui Père Éternel ! Tu m'aimes beaucoup ! Et tu veux me voir réussir ma vie !

Alors, Père Éternel, mon Dieu ! Je te supplie de fertiliser mes bons efforts, et m'aider à agir efficacement dans le bon sens avec succès, honorant ainsi ton saint nom, et celui de ton Merveilleux Saint Fils, Jésus Christ.

« Merci SEIGNEUR, dès maintenant et pour toujours ! » (Ps 113.2)

« Mon âme, bénis l'Éternel, et n'oublie aucun de ses bienfaits ! » (Ps 103.2)

Au nom de Jésus Christ ! Ici, maintenant, et pour toujours, Gloire au Père, Gloire au Fils, Gloire au Saint-Esprit. Honneur et Respect aux Membres des Forces du Bien. Amen. Amen. Amen.

Prière pour Favoriser la Signature d'un Contrat ou la Survenance d'un Heureux Évènement

Je Me Réjouis de La Bonne Nouvelle. Amen.

Ô Éternel, tu veux me voir me réjouir d'une très bonne nouvelle !

Aussi, m'invites-tu, ô Éternel, mon Dieu, Bon et Merveilleux, à l'acte qui déclenche l'annonce d'une très bonne nouvelle !

Alors, j'agis et j'entonne, dans ma tête, des chants joyeux des jours de fête !

Mélodies qui envahissent mon cœur et ma tête, d'un air des jours de fête !

Murmures de fête, air de liberté et d'annonce de bonnes nouvelles, dans ma tête !

Et mon visage rayonne de joie et de douceur, de la tête aux pieds, tout en moi est en fête !

Alors, alors ô Père Éternel, mon Dieu, je suis en admiration devant tant de grâces de ta part, pour moi !

Et je m'écrie de foi : *« Mon âme, bénis l'Éternel, et n'oublie aucun de ses bienfaits ! »* car c'est lui qui te nourrit, depuis le commencement, d'immenses grâces de fête !

Quant à moi, j'agis du mieux que je le peux pour tenir bon et, s'agissant du résultat, je m'en remets à toi Père Éternel, Dieu Juste et Bienveillant.

Oui, *« Mon âme, bénis l'Éternel, et n'oublie aucun de ses bienfaits ! »* (Ps 103.2)

Au nom de Jésus Christ ! Ici, maintenant, et pour toujours, Gloire au Père, Gloire au Fils, Gloire au Saint-Esprit. Honneur et Respect aux Membres des Forces du Bien. Amen. Amen. Amen.

Prière pour l'Accès aux Nouvelles Fonctions ou Changement Épanouissant

Voici Venu Le Moment Tant Attendu ! Amen.

Père Éternel ! Mon Dieu ! Mon Créateur !

Voici venu le moment où je vais prendre mes nouvelles fonctions.

Voici venu le moment pour lequel je suis tes inspirations, et me prépare paisiblement depuis un certain temps.

Je te remercie pour ce que j'ai d'ores et déjà appris, compris et réalisé.

Et je te prie, ô Père Éternel, mon Dieu, d'accepter l'œuvre que je t'offre,

comme un présent magnifique, à ton honneur et pour ta gloire, dont j'ai la jouissance généreuse du programme bien acheminé, afin qu'il soit bien compris que tu apprécies les bonnes œuvres.

Oui, Éternel, mon Dieu, mon Créateur, je souhaite que ta récompense motive généreusement mes semblables, afin qu'ils se tournent massivement vers toi avec confiance en toi pour accomplir ta volonté.

Dans ce sens, j'agis du mieux que je le peux pour réussir, s'agissant du résultat, je m'en remets à toi Père Éternel, Dieu Juste et Bienveillant.

« Merci SEIGNEUR, dès maintenant et pour toujours ! » (Ps 113.2)

« Mon âme, bénis l'Éternel, et n'oublie aucun de ses bienfaits ! » (Ps 103.2)

Au nom de Jésus Christ ! Ici, maintenant, et pour toujours, Gloire au Père, Gloire au Fils, Gloire au Saint-Esprit. Honneur et Respect aux Membres des Forces du Bien. Amen. Amen. Amen.

Prière pour Favoriser la Naissance d'un Projet Épanouissant

Dieu l'Éternel Fait Manifester en Moi des Désirs Divins. Amen.

Père Éternel, mon Dieu, mon Créateur, je te rends grâce car tu me donnes la force et des désirs divins.

Surtout, je te rends grâce parce que tu me donnes le désir de venir puiser en toi. Oui, je te rends grâce car j'ai la chance de m'entretenir avec toi, mon Dieu.

Ô toi qui me pourvois de ce dont j'ai besoin depuis le commencement, fort de ces paroles du Christ : « … *il sait que vous avez besoin de toutes ces choses !* » vous aussi. (Matthieu 7 32)

Tu connais mes besoins, tu connais tous mes besoins, avant même que j'en prenne conscience.

Et c'est vrai que maintenant que je me suis rapproché de toi, ô Père Éternel, mon Dieu, mon Créateur, je retrouve la paix, signe de la flamme de ton amour en action en moi qui se propage divinement, et tout mon être en bénéficie.

D'autres de tes innombrables grâces viennent m'animer.

Je ne tarderai pas à les faire connaître à mon monde et de m'en réjouir avec grâce.

Dans ce sens, j'agis du mieux que je le peux pour réussir, s'agissant du résultat, je m'en remets à toi Père Éternel, Dieu Juste et Bienveillant.

« *Mon âme, bénis l'Éternel, et n'oublie aucun de ses bienfaits !* » (Ps 103.2)

Au nom de Jésus Christ ! Ici, maintenant, et pour toujours, Gloire au Père, Gloire au Fils, Gloire au Saint-Esprit. Honneur et Respect aux Membres des Forces du Bien. Amen. Amen. Amen.

Prière pour la Naissance d'une Œuvre Réjouissante

Par moi, aussi, Dieu l'Éternel Passe pour Opérer des Merveilles ! Amen.

Ô Père Éternel, mon Dieu, mon Créateur ! Par moi aussi tu passes, tu passes pour opérer des merveilles !

Alors, ô Père Éternel, mon Dieu, mon Créateur ! J'accepte de me disposer pour opérer des merveilles ! Oui ! Je souhaite contribuer à ton immense œuvre de créations merveilleuses !

Alors, j'accepte avec foi d'accomplir, par toi, des œuvres divines merveilleuses ! Car toi, ô Père Éternel, tu es l'employeur qui rémunère, avec grâce, tous les talents déployés !

Alors, je me dispose pour œuvrer au plus haut niveau avec talent, par ta Grâce !

Espérant que je ne tarderai pas à récolter les fruits des talents que tu m'accordes, je te prie et te supplie, ô Père Éternel, mon Dieu, de fertiliser mes bons efforts, afin que des résultats réjouissants viennent nous illuminer, honorant ainsi ton saint nom, et celui de ton Merveilleux Saint Fils, Jésus Christ.

« Merci SEIGNEUR, dès maintenant et pour toujours ! » (Ps 113.2)

« Mon âme, bénis l'Éternel, et n'oublie aucun de ses bienfaits ! » (Ps 103.2)

Au nom de Jésus Christ ! Ici, maintenant, et pour toujours, Gloire au Père, Gloire au Fils, Gloire au Saint-Esprit. Honneur et Respect aux Membres des Forces du Bien. Amen. Amen. Amen.

Prière avant le Démarrage d'une Œuvre ou d'une Importante Action

(Pour soutenir le démarrage et le bon déroulement de ce à quoi on tient)

Je Dédie Mes Premières Manifestations Joyeuses à Dieu l'Éternel. Amen.

Éternel, ô Éternel, mon Dieu, Bon et Généreux !

Éternel, mon guide, mon conseiller, et mon soutien !

Éternel, mon allié, mon pilier, mon coup de pouce divin !

Je sens venir le moment, je sens venir le temps de l'accomplissement !

C'est comme une annonce qui parvient à mes oreilles et me motive !

Oui, tout m'indique que désormais plus rien ne sera comme avant !

Et je ne puis que revenir, en premier, vers toi, te manifester ma foi !

Oui, Père Éternel, c'est à toi que je dédie mes premières réactions.

C'est à toi, avant quiconque, que je montre mon enchantement.

Ô toi qui sais me soutenir, en me tissant l'étoffe du gagnant.

Ô toi qui mets à l'œuvre tout pour me pousser de l'avant.

J'irai célébrer mon allégresse directement dans ton temple.

Dès à présent, je te dis, avec foi : *« Merci SEIGNEUR, dès maintenant et pour toujours ! »* (Ps 113.2)

« Mon âme, bénis l'Éternel, et n'oublie aucun de ses bienfaits ! » (Ps 103.2)

Au nom de Jésus Christ ! Ici, maintenant, et pour toujours, Gloire au Père, Gloire au Fils, Gloire au Saint-Esprit. Honneur et Respect aux Membres des Forces du Bien. Amen. Amen. Amen.

Prière avant l'Officialisation de son Œuvre ou de son Travail

Pour présenter à Dieu l'Éternel son travail, avant le reste du monde.

Voici Mon Œuvre, Voici Mon Travail. Amen

Éternel, ô Père Éternel, mon Dieu, mon soutien !

Éternel, la Source de toutes les merveilles, ma Source !

Tu m'inspires divinement, et j'œuvre en suivant tes inspirations.

J'œuvre en pensant à tous ceux toutes celles qui, dans le secret, travaillent activement et je me dis : en ce moment s'accomplit ce que d'autres découvriront demain.

Alors, je viens te présenter ce que d'autres découvriront demain, car c'est toi mon Dieu, je te présente le fruit de notre collaboration.

Oui, je viens te présenter notre œuvre, avant même le reste du monde.

Ô toi qui me combles de tes grâces magnifiques, faisant de moi un être exceptionnel, je souhaite que mes actes t'honorent et te rendent fier de ma présence dans ce monde, car c'est toi mon Dieu, mon Créateur.

Raison pour laquelle je te prie de me protéger et de fertiliser le fruit de mon travail.

« Merci SEIGNEUR, dès maintenant et pour toujours ! » (Ps 113.2)

« Mon âme, bénis l'Éternel, et n'oublie aucun de ses bienfaits ! » (Ps 103.2)

Au nom de Jésus Christ ! Ici, maintenant, et pour toujours, Gloire au Père, Gloire au Fils, Gloire au Saint-Esprit. Honneur et Respect aux Membres des Forces du Bien. Amen. Amen. Amen.

Prière Avant la Prise d'un Nouveau Poste de Travail

Je Suis Destiné aux Activités et Fonctions Gratifiantes et Enrichissantes.

Père Éternel, mon Dieu !

Je te remercie et te rends grâce pour ce poste de travail que je viens d'obtenir.

Je te remercie et te rends grâce pour m'avoir donné la force et le courage de travailler avec persévérance.

Je te remercie et te rends grâce pour les conditions et appuis favorables dont j'ai bénéficié.

Je te remercie et te rends grâce pour les aides qui m'ont permis de poursuivre dignement.

Et je te prie, ô Père Éternel, mon Dieu, que soient bénies la personne qui m'a embauché et toute son équipe.

Que soit béni l'être qui m'a donné l'opportunité de faire valoir ma place dans la vie active.

Que soit bénie l'entreprise qui m'a donné ma chance d'avoir un emploi rémunéré.

Que soient bénis mon poste de travail, mon bureau, mes fonctions et mes tâches.

Que soit béni le jour de ma prise d'activité, ainsi que tout son cheminement jusqu'à sa finalité.

Et encore ô Père Éternel, mon Dieu ! Je souhaite y progresser paisiblement, dignement.

Je souhaite que l'ambiance y soit bonne pour chacun des membres et que je puisse m'y épanouir dignement.

Je te prie enfin, ô Père Éternel, mon Dieu ! Que chacun et chacune de nous soit divinement inspiré dans ses fonctions, pour que nous formions un groupe solidaire assurant la vitalité et le dynamisme de cette entreprise qui nous a réunis. Je souhaite que nos désaccords soient suivies de solutions amiables, pour évoluer harmonieusement et dignement.

Mon espoir est grand ô Père Éternel, mon Dieu, car ma confiance repose sur ta miséricorde.

Et je sais que ce qui m'est accordé l'est pour une jouissance et un temps que toi seul connais l'étendue. Alors quelle que soit la suite, j'agis et je garde espoir en toi pour continuer à évoluer dignement avec succès, ici ou ailleurs.

« Merci SEIGNEUR, dès maintenant et pour toujours ! » (Ps 113.2)

« Mon âme, bénis l'Éternel, et n'oublie aucun de ses bienfaits ! » (Ps 103.2)

Au nom de Jésus Christ ! Ici, maintenant, et pour toujours, Gloire au Père, Gloire au Fils, Gloire au Saint-Esprit. Honneur et Respect aux Membres des Forces du Bien. Amen. Amen. Amen.

Prière pour Favoriser l'Accès à sa Vraie Place dans le Monde Actif

(Pour trouver un poste épanouissant ou avoir une promotion)

Grâce à Dieu, Tout Peut s'Accomplir Merveilleusement. Amen.

Éternel, mon Berger, Bon et Merveilleux, Juste et très Généreux.

Tu as mis en moi des instructions, idées constructives motivantes, avec un constant désir d'aller de l'avant, progresser. Et une motivation qui n'a d'égal que mon intense désir de les accomplir.

Ô toi, mon Berger, bon et merveilleux, généreux et bienveillant, je te prie de me diriger au vert pâturage, lieu de mon accomplissement où tout est déjà en place, pour la réalisation de tes instructions, idées motivantes.

Oui, Père Éternel, mon Berger, bon et merveilleux, voici venu le temps de m'y conduire, afin que s'accomplisse, en public, ton programme d'instructions constructives motivantes.

Car de mon côté et, depuis longtemps, en l'Esprit, tout est déjà parfait pour la vérité.

« Merci SEIGNEUR, dès maintenant et pour toujours ! » (Ps 113.2)

« Mon âme, bénis l'Éternel, et n'oublie aucun de ses bienfaits ! » (Ps 103.2)

Au nom de Jésus Christ ! Ici, maintenant, et pour toujours, Gloire au Père, Gloire au Fils, Gloire au Saint-Esprit. Honneur et Respect aux Membres des Forces du Bien. Amen. Amen. Amen.

PRIÈRE D'UN ENFANT À DIEU L'ÉTERNEL POUR SON AVENIR

Je Suis Disposé à Réaliser de Grandes Œuvres, Grâce à Dieu. Amen.

Ô Père Éternel, mon Dieu ! C'est moi ____ (citer vos prénoms et nom), je me présente humblement à toi et t'adresse ma prière. Merci pour cette grâce SEIGNEUR ! Père Éternel, mon Dieu.

Tout d'abord, je te remercie de m'avoir donné la vie, par mes parents.

Je te remercie de m'avoir donné une famille pour s'occuper de moi.

Et je te prie de bien vouloir me bénir, me donner la sagesse et l'intelligence. Car je souhaite que mes parents soient fiers de moi, je souhaite que tu sois fier de moi, toi aussi SEIGNEUR !

Je souhaite bien apprendre et réussir ma vie. Je souhaite que mon ange gardien me guide, qu'il me conseille. Car je souhaite être un enfant bon, un enfant respectueux. Je souhaite être un enfant apprécié de toi mon Dieu. Je souhaite être un enfant apprécié de mes parents et de mon entourage familial.

Voilà pourquoi je te prie, ô Père Éternel, mon Dieu, de m'accorder ta bénédiction et l'aide dont j'ai besoin. Ainsi je deviendrai un adulte meilleur, ferai de grandes choses, connaîtrai mieux ton saint nom, agirai pour la Gloire de ton saint nom, l'honneur de mes parents, je découvrirai davantage ton amour pour moi et pour ma famille.

Par ta grâce, je peux devenir un personnage important dans l'histoire de l'humanité, pour la joie de mes parents, pour mon bien-être et pour la Gloire de ton saint nom.

Si tout cela te convient, je te prie de me donner la force de neutraliser mes peurs, maîtriser mes pulsions, écouter ta sagesse et la mettre en pratique.

Je t'en supplie ! Daigne m'aider à comprendre et à agir toujours dans le bon sens, tout en évoluant paisiblement, animé par la confiance en toi.

Tu es le Créateur, tu es Fort, tu es le Tout-Puissant, tu es Bon et je sais que tu m'aimes, alors par ton aide, je peux réussir ma vie. Je fais donc de mon mieux pour réussir ma vie, et m'en remets à toi pour tout ce qui me dépasse.

« *Merci SEIGNEUR, dès maintenant et pour toujours !* » (Ps 113.2)

« *Mon âme, bénis l'Éternel, et n'oublie aucun de ses bienfaits !* » (Ps 103.2)

Au nom de Jésus Christ ! Ici, maintenant, et pour toujours, Gloire au Père, Gloire au Fils, Gloire au Saint-Esprit. Honneur et Respect aux Membres des Forces du Bien. Amen. Amen. Amen.

Prière pour Tirer Meilleure Partie de son Existence

(Également pour se libérer des croyances destructrices)

La Volonté de Dieu est pour Moi Source de Joie et d'Épanouissement. Amen.

Autrefois, ô Père Éternel, mon Dieu, j'avais peur de ta Volonté, m'imaginant qu'elle n'était que le poids des épreuves à endurer, ou une source de souffrances et de sacrifices atroces !

Quelle ignorance de ma part, quelle ignorance !

Tu as exposé ma vie à ta lumière, et ma conscience à ta Volonté.

Et aujourd'hui je découvre le contraire de mes croyances d'autrefois.

Car en vérité, ô Éternel, mon Dieu, ta Volonté est source de vie, de joie et de bonheur.

Car face à l'épreuve, elle ouvre le chemin de la sagesse, et la solution intervient.

Face à la souffrance ou à la douleur, elle offre l'apaisement, et la libération intervient.

Face à la peur, à l'appréhension, ou à l'angoisse, elle apporte l'espoir, et le courage intervient.

Quiconque la recherche et l'applique, en vérité, voit sa vie se transformer merveilleusement.

Alors, ô Père Éternel, mon Dieu, mon Créateur, je suis à l'écoute de ta Volonté pour transformer ma vie dignement, et tirer meilleure partie de mon existence dans ce monde, chaque jour qui m'est donné.

« *Merci SEIGNEUR, dès maintenant et pour toujours !* » (Ps 113.2)

« *Mon âme, bénis l'Éternel, et n'oublie aucun de ses bienfaits !* » (Ps 103.2)

Prière pour Favoriser une Évolution Constante

(Pour puiser des forces merveilleuses en l'Esprit)

Je ne Puis ni ne Souhaite me Passer de toi, Éternel mon Dieu. Amen.

Père Éternel, mon Dieu ! Mon Créateur !

Par ta Grâce, ni mon ignorance ni mes peurs ne m'éloigneront de toi !

Alors, qu'il pleuve, qu'il vente, qu'il neige, je ne manquerai pas de diriger l'élan de mon cœur vers toi.

Oui, à toi Père Éternel, mon Dieu, je me confie avec confiance, je me livre volontairement avec foi.

Maintenant que je sais que tu es celui qui est, au-delà de l'imagination, le Très-Haut, ma foi prend une nouvelle forme, aux couleurs de fête et de joie intemporelles.

Je ne puis ni ne souhaite me passer de toi, mais je veux et souhaite passer par toi.

Oui, Père Éternel, mon Dieu, pour tout ce que j'entreprends, pour tout ce que j'envisage, je fais appel à toi pour œuvrer dans le bon sens avec succès.

Car le soutien du Père divin, que tu m'accordes, me hisse au sommet de mes réalisations.

J'agis donc du mieux que je le peux pour tenir bon et, s'agissant du résultat, je m'en remets à toi Père Éternel, mon Dieu, mon Créateur.

« Merci SEIGNEUR, dès maintenant et pour toujours ! » (Ps 113.2)

« Mon âme, bénis l'Éternel, et n'oublie aucun de ses bienfaits ! » (Ps 103.2)

Au nom de Jésus Christ ! Ici, maintenant, et pour toujours, Gloire au Père, Gloire au Fils, Gloire au Saint-Esprit. Honneur et Respect aux Membres des Forces du Bien. Amen. Amen. Amen.

Manifeste pour Favoriser une Réjouissante Généreuse Vie

Je Prends Conscience des Grâces que M'Offre Dieu l'Éternel ! Amen.

Je prends conscience des grâces que m'offre Dieu l'Éternel !

Je prends conscience des opportunités que m'offre l'existence !

Car chaque phase de ma vie m'offre des instants magiques !

Ainsi que des opportunités pour accomplir des merveilles !

Et jouir d'incontestables privilèges d'auteurs des merveilles !

Je m'active donc à de nouvelles créations dignes des contes de fée,

que je porterai bientôt à la connaissance de la grande masse, pour cueillir la récompense d'auteurs des merveilles.

Raison pour laquelle je supplie Dieu le Père Éternel, de me garder sous sa précieuse protection et de fertiliser mes bons efforts, afin que par sa grâce, les œuvres que je réalise dans le bon sens nous remplissent de joie, honorent son saint nom, et celui de son Merveilleux Saint Fils, Jésus Christ.

« *Merci SEIGNEUR, dès maintenant et pour toujours !* » (Ps 113.2)

« *Mon âme, bénis l'Éternel, et n'oublie aucun de ses bienfaits !* » (Ps 103.2)

Au nom de Jésus Christ ! Ici, maintenant, et pour toujours, Gloire au Père, Gloire au Fils, Gloire au Saint-Esprit. Honneur et Respect aux Membres des Forces du Bien. Amen. Amen. Amen.

MANIFESTE POUR SE DONNER UNE VIE ÉPANOUISSANTE

Je Me Prépare et M'apprête pour Ma Nouvelle Vie. Amen.

J'écoute et j'entends venir le temps.

Je me tranquillise et je ressens venir le temps.

Tant se multiplient les signes, tous ces derniers temps.

Oui, je sens venir le temps, tel un chevalier au galop,

fonce et se hâte vers sa mission ou vers sa promise.

Quant à moi, je me prépare et m'apprête, telle la belle promise.

Je suis promis depuis le commencement à un merveilleux destin.

Alors, rien d'étonnant, bien au contraire, qu'arrive le temps,

où ma vie prend publiquement un tournant enchanteur,

par l'accomplissement d'actes utiles et épanouissants.

Raison pour laquelle je supplie le Père Éternel, mon Dieu, mon Créateur, de me garder sous sa précieuse protection, m'inspirer davantage et m'aider à agir et réagir avec succès dans le bon sens, honorant ainsi son saint nom, et celui de son Merveilleux Saint Fils, Jésus Christ.

« Merci SEIGNEUR, dès maintenant et pour toujours ! » (Ps 113.2)

« Mon âme, bénis l'Éternel, et n'oublie aucun de ses bienfaits ! » (Ps 103.2)

Au nom de Jésus Christ ! Ici, maintenant, et pour toujours, Gloire au Père, Gloire au Fils, Gloire au Saint-Esprit. Honneur et Respect aux Membres des Forces du Bien. Amen. Amen. Amen.

Manifeste pour Favoriser une vie d'Aisance de Biens Matériels

Je Suis Désormais en Paix ! Amen.

Que je sois désormais en paix, tranquille, complètement calme !

Car, Dieu l'Éternel, qui me soutient, est calme et toujours en paix avec lui-même.

Alors, j'agis avec sagesse, j'entreprends avec intelligence.

Et je me réjouis paisiblement des biens qui concourent à mon épanouissement.

Car Dieu l'Éternel, qui m'approvisionne, est aussi riche de merveilles innombrables.

Alors, calmement, je poursuis mes actions et mes œuvres, avec foi et confiance.

Car Dieu l'Éternel, qui me soutient, souhaite mon bien et mise sur ma constance, propulseur de mon élévation au sommet, quelles que soient les circonstances !

J'œuvre donc avec foi et détermination, car Dieu l'Éternel me soutient en fertilisant mes persévérants bons efforts.

« Merci SEIGNEUR, dès maintenant et pour toujours ! » (Ps 113.2)

« Mon âme, bénis l'Éternel, et n'oublie aucun de ses bienfaits ! » (Ps 103.2)

Au nom de Jésus Christ ! Ici, maintenant, et pour toujours, Gloire au Père, Gloire au Fils, Gloire au Saint-Esprit. Honneur et Respect aux Membres des Forces du Bien. Amen. Amen. Amen.

Manifeste pour Favoriser un Destin Épanouissant

Tout en Moi est Animé Par mon Divin Destin. Amen.

Oui ! Je sens en moi s'opérer une merveilleuse transformation.

Oui ! Je sens, et je sais que tout en moi est animé par mon divin destin.

Et j'entends les insistants appels de mon divin destin.

Alors, je lui ouvre les portes merveilleuses et l'accueille avec foi.

Ne te cache plus, viens à moi ! Il est temps, et moi, je ne te boude plus !

Je ne t'ignore plus, je te comprends désormais et je t'admire !

C'est toi que j'attendais ! Il n'y plus de confusion, c'est toi !

Comme tu es magnifique ! Comme tu es merveilleux !

Oui ! C'est toi, mon rayon de soleil, que dis-je ! Mon soleil, c'est toi !

J'ai fait dissiper les nuages, pour que tu apparaisses clairement ! Alors viens ! Viens mon soleil, revêtu de ta magnificence, illuminer ma vie !

Quant à moi, j'agis du mieux que je le peux pour tenir bon et, s'agissant du résultat, je m'en remets au Père Éternel, Dieu Juste et Bienveillant.

« Merci SEIGNEUR, dès maintenant et pour toujours ! » (Ps 113.2)

« Mon âme, bénis l'Éternel, et n'oublie aucun de ses bienfaits ! » (Ps 103.2)

Au nom de Jésus Christ ! Ici, maintenant, et pour toujours, Gloire au Père, Gloire au Fils, Gloire au Saint-Esprit. Honneur et Respect aux Membres des Forces du Bien. Amen. Amen. Amen.

Manifeste pour Favoriser l'Amour de la Vie et en Faire une Merveille

Dieu l'Éternel est Amour, Amour et Vie, Vie et Merveilles ! Amen.

Dieu l'Éternel aime tellement la vie, qu'il a créé un monde des vivants !

Dieu l'Éternel m'aime, beaucoup, c'est pour cela qu'il m'a donné le souffle du vivant !

Dieu l'Éternel est Amour, c'est pour cela qu'envers nous, il est indulgent et patient !

Dieu l'Éternel est Généreux, c'est pour cela qu'il comble quiconque l'aime en vérité !

Dieu l'Éternel est Merveilleux et plein de bonté, c'est pour cela qu'il a créé un monde des merveilles, qu'il a donné en partage à ses enfants, quels qu'ils soient, quoi qu'ils pensent de lui !

Ainsi, je suis un enfant de Dieu l'Éternel, un enfant du Tout-Puissant, du Très-Haut !

C'est pour cela que j'ai, en partage, le monde des merveilles dont je bénéficie.

Surtout, surtout, Dieu l'Éternel m'aime ! En moi circule son amour, et le mien vers Lui.

Oui, frères, sœurs, cette flamme, qui réchauffe tout mon être, est l'amour de Dieu l'Éternel pour moi.

Il est une Source qui fait jaillir de moi, des trésors merveilleux venant directement depuis le Jardin d'Éden !

C'est pour cela, frères, sœurs, que je suis sans crainte, ni peur, mais heureux/se et joyeux/se, joyeux/se et comblé/e.

C'est aussi pour cela, ô frères, sœurs, que je vous souhaite de suivre la voix de Dieu l'Éternel, Père-Créateur de toute chose !

Seul bon guide dans ce monde, bouillant et tourbillonnant pour quiconque est sans guide.

Et je supplie le Père Éternel, Dieu Juste et Bienveillant, de continuer à combler de ses grâces magnifiques quiconque, avec amour et respect, cherche effectivement à se rapprocher de Lui,

et ainsi maintenir au bon niveau la ferveur de la foi en Lui, car indispensable pour l'équilibre universelle.

Quant à moi, j'agis du mieux que je le peux pour tenir bon et, s'agissant du résultat, je m'en remets au Père Éternel, Dieu Juste et Bienveillant.

« Merci SEIGNEUR, dès maintenant et pour toujours ! » (Ps 113.2)

« Mon âme, bénis l'Éternel, et n'oublie aucun de ses bienfaits ! » (Ps 103.2)

Au nom de Jésus Christ ! Ici, maintenant, et pour toujours, Gloire au Père, Gloire au Fils, Gloire au Saint-Esprit. Honneur et Respect aux Membres des Forces du Bien. Amen. Amen. Amen.

Prière de Divination pour Jouir au Mieux des Richesses de la Vie

C'est tout mon cœur qui dit Merci à Dieu l'Éternel ! Amen.

Ô Père Éternel ! C'est tout mon cœur qui te dit merci, pour tout !

C'est tout mon être qui reconnaît ta magnificence envers moi et partout !

C'est toute mon âme qui chante ta grâce pour moi et pour tout !

Et c'est à l'unisson, ô Père Éternel, mon Dieu, que je communie en toi, vibrant de foi en toi.

Et c'est aussi à l'unisson, ô Père Éternel, mon Dieu, que je souhaite m'émerveiller devant tant de splendeurs de toi.

Je serais passé à côté de tout cela, sans m'en rendre compte, sans prendre la voie. Je serais passé à côté de tout cela, sans en savourer et sans en témoigner, si toi-même n'avais pas daigné toucher ma conscience de ta grâce captivante !

Oui, Père Éternel, mon Dieu, mon Créateur, tu as ouvert mes yeux, mon cœur et mon esprit, pour contempler et savourer paisiblement, tout en les préservant, les merveilles issues de ton Esprit !

Et tout de même tu vois, ô Père Éternel, mon Dieu, mon Créateur, que je ne suis pas resté indifférent/e à tes divines invitations !

Et encore, ô Père Éternel, mon Dieu, mon Créateur, combien j'ai envie de me réjouir de ta bonté et de ta générosité envers ma personne !

Toi que j'ai réussi à distinguer tout en étant parmi la multitude souvent distrayante !

Et enfin, ô Père Éternel, mon Dieu, mon Créateur ! Un grand merci envers mes alliés, visibles et invisibles, d'ici et d'ailleurs.

Car d'une manière ou d'une autre, ils savent me faire signe de tes signes.

Et comme toujours, favorisent mon ouverture d'esprit à la conscience de la divine Présence.

Raison pour laquelle je t'en supplie ! Garde-moi sous ta protection et accorde-moi la grâce d'accéder à tout ce dont j'ai besoin, afin que rien, ni personne ne puisse m'éloigner de toi, mais que, bien au contraire par ta Grâce, je puisse mener une formidable vie dont tu es fier.

« Merci SEIGNEUR, dès maintenant et pour toujours ! » (Ps 113.2)

« Mon âme, bénis l'Éternel, et n'oublie aucun de ses bienfaits ! » (Ps 103.2)

Au nom de Jésus Christ ! Ici, maintenant, et pour toujours, Gloire au Père, Gloire au Fils, Gloire au Saint-Esprit. Honneur et Respect aux Membres des Forces du Bien. Amen. Amen. Amen.

Prière en Période de Remise en Question

(Pour favoriser un meilleur repositionnement)

La Sagesse Divine M'habite et M'éclaire. Amen.

Que puis-je dire ou faire, ô Éternel, que tu ne saches point déjà !

Où puis-je me rendre sur mon chemin, ô Éternel, que tu ne sois déjà !

Ô Éternel, mon Dieu, mon Créateur, tu sais tout, et partout tu me précèdes.

Et c'est merveilleux, car je n'ai qu'à me tourner vers toi pour savoir à mon tour.

Oui, je n'ai qu'à me pencher vers toi pour découvrir ce que je cherche.

Alors, tout va bien dès l'instant où je m'en remets à toi, ô Éternel.

Ta sagesse vient m'habiter pour m'éclairer tout au long de mon parcours.

Raison pour laquelle je souhaite, ô Éternel, mon Dieu, mon Créateur, que mon être vivant, ou mon esprit, au cours de ses voyages, n'omette point de revenir vers toi, puiser des trésors merveilleux, s'illuminer et témoigner.

Dans ce sens, j'agis du mieux que je le peux pour tenir bon et, s'agissant du résultat, je m'en remets à toi Père Éternel, mon Dieu, mon Créateur.

« Merci SEIGNEUR, dès maintenant et pour toujours ! » (Ps 113.2)

« Mon âme, bénis l'Éternel, et n'oublie aucun de ses bienfaits ! » (Ps 103.2)

Au nom de Jésus Christ ! Ici, maintenant, et pour toujours, Gloire au Père, Gloire au Fils, Gloire au Saint-Esprit. Honneur et Respect aux Membres des Forces du Bien. Amen. Amen. Amen.

Manifeste contre la Tentation de s'Éparpiller

(Pour éviter d'être accaparé par des objectifs déviant de sa vraie voie)

Tel un Mouvement Cadencé dans le Sens des Aiguilles de ma Montre. Amen.

Comment viser plusieurs cibles à la fois avec la même flèche ?

Mon attention est la flèche des objectifs contenus sur mon parcours.

Ni la foule des cibles, ni la polyvalence de mes aptitudes ne m'éloignent de la voie. Car j'agis au fur et à mesure, poursuivant mon divin parcours et ma voie,

tel un mouvement cadencé dans le sens des aiguilles de ma montre,

j'avance au fil du temps qui s'écoule, et demeure actif/ve, en accomplissant mes tâches à chaque mouvement.

Ainsi, je réalise mes objectifs et j'atteins mon but avec foi.

Raison pour laquelle, je supplie le Père Éternel, mon Dieu, mon Créateur, de me garder sous ta précieuse protection, m'inspirer davantage et m'aider à agir et réagir avec succès dans le bon sens, honorant son saint nom, et celui de son Merveilleux Saint Fils, Jésus Christ.

« Merci SEIGNEUR, dès maintenant et pour toujours ! » (Ps 113.2)

« Mon âme, bénis l'Éternel, et n'oublie aucun de ses bienfaits ! » (Ps 103.2)

Au nom de Jésus Christ ! Ici, maintenant, et pour toujours, Gloire au Père, Gloire au Fils, Gloire au Saint-Esprit. Honneur et Respect aux Membres des Forces du Bien. Amen. Amen. Amen.

Prière d'Encouragement pour l'Accomplissement d'une Passion

Je Suis Rempli d'Espoir et de Visions Passionnantes. Amen.

Père Éternel, mon Dieu, mon Créateur !

C'est toi ma Source et je reviens auprès de toi me restaurer en toi, dans cet état de confiance qui m'anime grâce à tout ce que tu m'accordes.

Je me présente à toi rempli d'espoir et de visions passionnantes, que je souhaite faire grandir, mener à l'aboutissement total.

C'est toi mon Dieu, alors je reviens vers toi puiser de la sagesse, du courage, de la force et les moyens nécessaires à l'accomplissement de ma passion.

J'ai confiance en toi, je sais que je peux compter sur ton appui, quelles que soient les apparences.

Car tu ne m'abandonnes jamais, tu n'abandonnes pas les tiens, tu les soutiens tant qu'ils restent proches de toi.

Je sais donc que bientôt, tu me montreras la voie, tu m'ouvriras les portes du succès.

Oui, bientôt, je recevrai de nouveaux signes, et des nouvelles réjouissantes.

Alors, je demeure tranquille, tout en œuvrant, car c'est toi, ô Père Éternel, mon Dieu, mon Créateur, ma Source.

« Merci SEIGNEUR, dès maintenant et pour toujours ! » (Ps 113.2)

« Mon âme, bénis l'Éternel, et n'oublie aucun de ses bienfaits ! » (Ps 103.2)

Au nom de Jésus Christ ! Ici, maintenant, et pour toujours, Gloire au Père, Gloire au Fils, Gloire au Saint-Esprit. Honneur et Respect aux Membres des Forces du Bien. Amen. Amen. Amen.

Prière de Soutien et d'Encouragement pour la Confiance en Dieu et l'Accomplissement de sa Mission

SEIGNEUR ! J'ai l'Honneur de Faire Partie de Ta Création. Merci.

Père Éternel, mon Dieu ! Mon Créateur !

Je sais maintenant, que tu es le Dieu Unique. Dieu Bon, Juste et Miséricordieux, …. Ta Puissance est inimaginable et tu débordes de Sagesse.

Tu es le Pouvoir Suprême ! Pour toi rien n'est impossible ! Tu es le Créateur de toute chose dans l'univers et j'ai l'honneur de faire partie de ta création. Même si, du fait de ma condition humaine j'éprouve des craintes, j'ai confiance en toi. Et je sens cette confiance grandir en moi de jour en jour.

C'est pourquoi, je te prie humblement, ô Père Éternel, mon Dieu, de continuer à maintenir ma conscience éveillée, d'augmenter ma force, mon courage et ma sagesse,

afin que je n'ai plus de crainte à suivre joyeusement la voie céleste menant au meilleur niveau de conscience. Ainsi, je serai bien préparé et prêt/e pour accomplir avec enthousiasme l'objet de ma mission.

Je sais que tu es éternellement Bon, éternellement Juste, éternellement Patient, … Je sais également que tu souhaites mon bien et mon évolution au meilleur niveau de conscience.

Alors, je t'en supplie ! Aide-moi à découvrir et à réaliser ce qui déclenchera mon épanouissement véritable.

Et tu pourras te réjouir de me voir jouer efficacement mes rôles, accomplir ma mission avec succès.

« Merci SEIGNEUR, dès maintenant et pour toujours ! » (Ps 113.2)

Prière pour s'Encourager en Temps de Repositionnement

Je Me Réjouis de la Bonté de Dieu l'Éternel Envers Moi. Amen.

Lorsque je crie à toi, tu tends l'oreille, ô Éternel !

Lorsque je reviens vers toi, tu me fais la fête, ô Éternel !

Lorsque je te prie, tu m'exauces, ô Éternel, mon Dieu, mon Créateur !

Il n'y a nul autre comme toi, ô Éternel, mon Dieu, mon Créateur !

Alors, je me réjouis de toutes tes grâces magnifiques, ô Éternel !

Et te prie, ô mon Dieu, que jamais mon être, de son vivant,

ou mon esprit, au cours de ses voyages, n'oublie aucune de tes grâces !

Car toi, ô Père Éternel, mon Dieu, tu es Bon et Généreux envers moi.

J'agis donc du mieux que je le peux pour tenir bon et, s'agissant du résultat, je m'en remets à toi Père Éternel, mon Dieu, mon Créateur.

« Merci SEIGNEUR, dès maintenant et pour toujours ! » (Ps 113.2)

« Mon âme, bénis l'Éternel, et n'oublie aucun de ses bienfaits ! » (Ps 103.2)

Au nom de Jésus Christ ! Ici, maintenant, et pour toujours, Gloire au Père, Gloire au Fils, Gloire au Saint-Esprit. Honneur et Respect aux Membres des Forces du Bien. Amen. Amen. Amen.

Manifeste d'Action de Grâce pour Soutien Encourageant

(Pour motiver une personne croyante à poursuivre avec force et persévérance)

Le Soutien Divin Pousse au Sommet. Amen. (Bis)

Reçois à présent la Grâce de Dieu,

Le soutien bienveillant de Jésus Christ,

L'appui des Archanges et des Anges,

L'aide des Saints, des Saintes, ainsi que des Âmes paisibles joyeuses.

Et poursuis ton chemin avec foi et persévérance, pour des accomplissements merveilleux.

*****

Amen, je remercie pour ce soutien merveilleux qui me pousse au sommet, pour œuvrer avec foi et persévérance, en accomplissant des actions merveilleuses.

Je me relève donc et j'agis du mieux que je le peux. Pour le déroulement et le résultat, je m'en remets au Père Éternel, le Dieu Tout-Puissant par qui la délivrance et le succès interviennent au moment où l'on ne s'y attend pas.

« Merci SEIGNEUR, dès maintenant et pour toujours ! » (Ps 113.2)

« Mon âme, bénis l'Éternel, et n'oublie aucun de ses bienfaits ! » (Ps 103.2)

Au nom de Jésus Christ ! Ici, maintenant, et pour toujours, Gloire au Père, Gloire au Fils, Gloire au Saint-Esprit. Honneur et Respect aux Membres des Forces du Bien. Amen. Amen. Amen.

Manifeste pour ne pas Laisser les Évènements Prendre le Dessus

(Pour mobiliser ses forces face aux évènements et aller de l'avant)

Un Merveilleux Parcours aux Couleurs du Dépassement de Soi. Amen.

Je ne puis me laisser enliser, assombrir, ni détruire mon être.

Je suis un être d'essence divine, au destin merveilleux, que je trace.

J'ai une importante mission à accomplir dans ce monde.

Toutes ces manifestations me poussent à réagir.

Toutes ces manifestations me poussent à aller de l'avant.

Alors, je n'ai plus à me laisser aller à la dérive, je dois réagir.

Oui, toutes ces manifestations, si désagréables puissent-elles paraître, sont des indices qui pointent du doigt mon merveilleux destin. Un parcours aux couleurs de réalisations épanouissantes.

Je me lève donc et m'active pour de bons accomplissements.

Mon instinct m'indique, lui aussi, que je vais bien réussir ma vie.

Et ma volonté est davantage motivée par ce que je vais faire dès à présent.

Et mon désir me pousse à œuvrer pour réussir mon programme et atteindre mon but, grâce à Dieu. Amen.

« Merci SEIGNEUR, dès maintenant et pour toujours ! » (Ps 113.2)

« Mon âme, bénis l'Éternel, et n'oublie aucun de ses bienfaits ! » (Ps 103.2)

Au nom de Jésus Christ ! Ici, maintenant, et pour toujours, Gloire au Père, Gloire au Fils, Gloire au Saint-Esprit. Honneur et Respect aux Membres des Forces du Bien. Amen. Amen. Amen.

Manifeste contre la Tentation de Banaliser la Foi en Temps d'Épreuve

(Pour garder la foi en Dieu en toute circonstance et se surpasser)

Par Dieu l'Éternel, Je Revis, Je me Renforce et Je M'Épanouis. Amen.

L'Éternel est mon Dieu, il est Tout-Puissant, il est Merveilleux.

L'Éternel est Saint, l'Éternel est le SEIGNEUR, il est Généreux.

Je me rapproche de l'Éternel, du Tout-Puissant et tout est merveilleux.

Pourquoi m'effacerais-je devant l'Éternel ? Lui mon Berger, de surcroît mon Dieu ! Mon Créateur !

Il aime ce qui est bon, il aime ce qui est juste, et encore plus les personnes l'aimant en vérité.

Alors moi qui, en vérité, aime et respecte Dieu l'Éternel, devant lui je m'incline ou me prosterne, et par Lui je me redresse ou me relève, mais je ne m'efface point devant Lui. Bien au contraire, je revis et je m'épanouis par sa Grâce.

Car il est mon Dieu, le Tout-Puissant, la Merveille qui me relève et m'élève au meilleur niveau.

Alors tant que je demeure connecté à l'Éternel, mon Dieu, mon Créateur, je garde la foi puisée en Lui, et je triomphe de mes épreuves et apparences, très souvent trompeuses, j'évolue harmonieusement.

« Mon âme, bénis l'Éternel, et n'oublie aucun de ses bienfaits ! » (Ps 103.2)

Au nom de Jésus Christ ! Ici, maintenant, et pour toujours, Gloire au Père, Gloire au Fils, Gloire au Saint-Esprit. Honneur et Respect aux Membres des Forces du Bien. Amen. Amen. Amen.

MANIFESTE D'ENCOURAGEMENT POUR CONTINUER À ŒUVRER AVEC ESPOIR

L'Ange du Destin M'Encourage à Continuer avec Persévérance. Amen.

Lève-toi ! Ne faiblis pas, et n'abandonne point maintenant !

Non ! Ce n'est pas du tout le moment de jeter l'éponge !

N'abandonne donc pas du fait des désagréments passagers.

Lève-toi et avance avec persévérance, car voilà qu'approche, que tu puisses y croire ou non, la belle séance.

Elle t'apporte la bonne nouvelle, la belle échéance.

Une nouvelle très réjouissante, fruit mérité de ton labeur.

Alors, ne faiblis pas, pas maintenant !! Lève-toi et poursuis ton travail.

Que voudrais-tu entendre plus tard ? Oh ! J'aurais dû, ou, hélas ! Si j'avais su ?

Ou mieux alors : oui, j'ai bien fait de ne pas me laisser avoir, j'ai très bien réagi, …

Alors, lève-toi et poursuis ton œuvre, car quoi que tu penses, la gloire est sur ta route !

Ô toi qui cherches et qui œuvres pour ta quête, te demandant quand, où et comment ? Par ces mots, l'ange du destin t'en fait la promesse et t'encourage à aller plus haut !

Nul doute que ceux qui sont beaux, riches et forts, font plus d'efforts !

Alors, poursuis tes efforts, ton but, et tiens tes objectifs, car la gloire est sur ta route !

« Merci SEIGNEUR, dès maintenant et pour toujours ! » (Ps 113.2)

« Mon âme, bénis l'Éternel, et n'oublie aucun de ses bienfaits ! » (Ps 103.2)

Manifeste en Temps d'Inquiétude au Cours d'un Projet

L'Esprit Saint m'Écoute et m'Entend. Amen.

Tu as invoqué l'Esprit Saint, puis tu as écouté l'Esprit Saint.

Tu as tendu l'oreille et tu as entendu l'Esprit Saint.

Alors, l'Esprit Saint t'a écouté et t'a entendu.

Sois tranquille, la paix, sois tranquille, poursuis ton chemin.

Bientôt, tu auras des réponses, de bonnes nouvelles, bientôt !

Tout a un commencement, un cheminement et un aboutissement.

La paix, la paix, sois tranquille, la procédure est déjà en cours.

Rien ne peut l'arrêter, sinon toi et toi seul, alors la paix, sois tranquille !

Détends-toi et ne détourne pas ton attention de ton but, poursuis uniquement la voix paisible et prend appui sur Dieu l'Éternel : c'est lui qui a misé sur toi, il compte sur toi.

Relève-toi donc ! Et agis du mieux que tu le peux. Pour le déroulement et le résultat, avec foi, confie-toi au Père Éternel, Dieu Bon et Juste par qui la délivrance et le succès interviennent au moment inattendu.

Car *« Il est heureux, celui qui s'appuie sur le Dieu de Jacob, qui met sa confiance dans l'Éternel son Dieu ! »* (Ps 146.5)

« Je remercie le Seigneur qui me conseille. Même la nuit, ma conscience me parle ! » (Ps. 16.7)

« Mon âme, bénis l'Éternel, et n'oublie aucun de ses bienfaits ! » (Ps 103.2)

Au nom de Jésus Christ ! Ici, maintenant, et pour toujours, Gloire au Père, Gloire au Fils, Gloire au Saint-Esprit. Honneur et Respect aux Membres des Forces du Bien. Amen. Amen. Amen.

MANIFESTES POUR NEUTRALISER LE DOUTE ET FAVORISER LA RÉUSSITE

Qui l'Aurait Cru Il y a Encore Quelque Temps ? Amen.

Dieu l'Éternel est bon envers moi !

Dieu l'Éternel est généreux envers moi !

Que tout mon être en palpite d'allégresse et de foi !

Oui, l'Éternel, mon Dieu, mon Créateur, m'a exaucé avec largesse !

Qui l'aurait cru il y a encore quelque temps ? Moi-même en doutais !

Vraiment, les voix de Dieu l'Éternel sont surprenantes, voilà la vérité !

Mais Dieu l'Éternel croit en moi, et j'ai confiance en Lui, alors j'ai œuvré. Et le miracle s'est accompli ! Me voilà face à la merveille !

Oui ! Quand Dieu l'Éternel approuve quelqu'un, il le comble de ses merveilles !

Dieu l'Éternel aime d'un grand amour, d'un grand amour sans borne !

Dieu l'Éternel donne, avec largesse, des trésors incomparables, à chaque borne !

Oui ! Dieu l'Éternel aime remplir les coffres de ses biens aimées créatures avec de merveilleux trésors !

J'ai cherché Dieu l'Éternel, avec insistance, et il m'a répondu, avec douceur, par des grâces magnifiques.

L'Éternel, mon Dieu, a fait de moi son ami et son élu, car je l'ai cherché avec amour et respect.

Voyez ! Voyez ! Comme toujours, il est agréablement surprenant ! L'Éternel, mon Dieu !

« *Merci SEIGNEUR, dès maintenant et pour toujours !* » (Ps 113.2)

« *Mon âme, bénis l'Éternel, et n'oublie aucun de ses bienfaits !* » (Ps 103.2)

Prières pour Neutraliser sa Peur et Accomplir des Actions Valorisantes

Comme Jonas. Amen.

Ô Père Éternel, mon Dieu, mon Créateur ! Je suis prêt/e et j'accepte, avec foi, mon nouveau poste, mes nouvelles fonctions.

J'avais eu peur comme Jonas, et je m'étais caché pour fuir loin !

Oubliant que mon monde tourne dans le creux de ta divine main !

Je ne puis donc aller loin de toi, car où que j'aille, je demeure à la portée de ta main.

Alors, comme pour Jonas, tu m'as déniché et conduis, loin de ma cachette, à mes nouvelles fonctions.

Puis tu m'as encouragé, me rassurant que je n'ai rien à craindre puisque partout tu es avec moi.

Alors, j'accepte, j'accepte avec foi, mes nouvelles fonctions, je souhaite les accomplir avec ton aide. Et je te prie, qu'il te plaise, ô Père Éternel, mon Dieu, de sonner le gong du départ et du lancement.

Qu'il te plaise encore, ô Père Éternel, mon Dieu, d'encourager la cadence de la manœuvre et que l'action se déchaîne. Car pour moi, ô Père Éternel, mon Dieu, c'est un grand honneur de suivre ta voix en tenant ce poste nouveau.

Raison pour laquelle je te supplie de me pardonner pour mes manquements, me garder sous ta précieuse protection, m'inspirer, m'aider à tenir mieux mes différents rôles, accomplir avec succès ce que j'entreprends, honorant ainsi ton saint nom, et celui de ton Merveilleux Saint Fils, Jésus Christ.

« Merci SEIGNEUR, dès maintenant et pour toujours ! » (Ps 113.2)

Prière pour Renouveler sa Foi en Dieu et Opérer des Merveilles

J'accepte de Porter Très Haut les Merveilles de la Création Divine. Amen.

Éternel, ô Père Éternel, mon Dieu !

Je te renouvelle mon alliance avec toi !

Je te renouvelle ma fidélité pour toi !

Car tu es Bon, Juste et Généreux envers moi et les miens !

En tout temps, tu es avec moi ! Oui, Père Éternel, j'en suis conscient/e.

Alors, ô Père Éternel, je m'épanouis et évolue avec constance, par ta Grâce.

Alors je te renouvelle ma foi, ma fidélité, mon respect et mon amour pour toi.

Ô toi par qui je peux accéder aux merveilles surprenantes, j'accepte, avec foi et joie, de porter très haut les merveilles de ta création et te prie de m'aider à tenir bon pour la réussite de ce que j'entreprends dans le bon sens.

« Merci SEIGNEUR, dès maintenant et pour toujours ! » (Ps 113.2)

« Mon âme, bénis l'Éternel, et n'oublie aucun de ses bienfaits ! » (Ps 103.2)

Au nom de Jésus Christ ! Ici, maintenant, et pour toujours, Gloire au Père, Gloire au Fils, Gloire au Saint-Esprit. Honneur et Respect aux Membres des Forces du Bien. Amen. Amen. Amen.

Prière pour Alimenter la Foi et les Accomplissements Passionnants

Dieu l'Éternel est mon Phare ! Amen.

Ô Père Éternel, mon Dieu, mon Créateur !

Depuis que j'entends ta voix,

quel que soit le chemin que je prends, toi Dieu l'Éternel, mon phare est présent.

Alors, la vie me sourit et mon être, à la vie, rit et sourit.

Et je m'active avec foi, garnissant ainsi la table des merveilles de Dieu l'Éternel.

C'est pourquoi je te supplie, ô Père Éternel, mon Dieu, de me garder sous ta précieuse protection, et m'aider à réaliser les souhaits qui me tiennent à cœur, tout en me gardant proche de toi.

« Merci SEIGNEUR, dès maintenant et pour toujours ! » (Ps 113.2)

« Mon âme, bénis l'Éternel, et n'oublie aucun de ses bienfaits ! » (Ps 103.2)

Au nom de Jésus Christ ! Ici, maintenant, et pour toujours, Gloire au Père, Gloire au Fils, Gloire au Saint-Esprit. Honneur et Respect aux Membres des Forces du Bien. Amen. Amen. Amen.

Manifeste pour Alimenter la Foi en un Changement Réjouissant

Je Crois, moi aussi, aux Transformations Réjouissantes ! Amen.

Si je ne voyais pas, de mes propres yeux !

Si je n'entendais pas, de mes propres oreilles !

Il me serait difficile, comme à tant d'autres, d'y croire moi aussi !

Mais, j'entends et je vois des transformations et des merveilles.

Alors je dis oui, les portes de la Providence sont ouvertes pour quiconque a soif ou faim.

Plus rien ne m'empêche de franchir le pas et d'entrer dans la salle des transformations réjouissantes. Plus rien ne me retient et il est temps, pour moi, d'explorer d'autres mondes que mes murs.

Et j'ai entendu, cela est juste et bien fondé, que : ce que je désire, Je le réalise. Alors, le temps est venu pour moi de passer à l'étape de la jouissance et de l'appréciation, à sa très noble valeur, du monde des merveilles qui m'entourent.

Et ce d'autant plus que je ne suis point seul, car l'intelligence divine en moi aime œuvrer pour des accomplissements paisibles et réjouissants que je désire.

Alors, j'agis avec foi et persévérance, pour des accomplissements paisibles et réjouissants.

C'est pourquoi je supplie Dieu le Père Éternel, de m'aider à réaliser mes bons projets avec succès, honorant ainsi son saint nom, et celui de son Merveilleux Saint Fils, Jésus Christ.

« Merci SEIGNEUR, dès maintenant et pour toujours ! » (Ps 113.2)

« Mon âme, bénis l'Éternel, et n'oublie aucun de ses bienfaits ! » (Ps 103.2)

Manifeste pour Renforcer la Foi en ses Prières et en ses Potentialités

Par la Prière et l'Action, Je Transforme Merveilleusement Ma Vie. Amen.

Par la Prière et l'Attention, je me connecte à la Source de tous les pouvoirs, la Source de toutes les possibilités, tant de transformation que d'évolution harmonieuse.

Par la Prière et mes Actions, je me transforme harmonieusement

pour devenir un être meilleur, meilleur qu'autrefois.

Par la Prière, l'Attention et mes Actions, je mène une vie épanouissante,

car je demeure connecté à la Source de tous les pouvoirs et possibilités.

Par mes Actes, je concrétise les merveilleuses possibilités que m'offre la Prière.

Par la Prière, mes Actes, ma foi et ma Persévérance, j'accomplis des œuvres surprenantes, je me transforme, m'épanouis et m'élève harmonieusement.

Mon âme, bénis la Source de tous mes pouvoirs, et souviens-toi de toutes ses merveilles.

Quant à moi, j'agis du mieux que je le peux pour tenir bon et, s'agissant du résultat, je m'en remets au Père Éternel, mon Dieu, mon Créateur.

« Merci SEIGNEUR, dès maintenant et pour toujours ! » (Ps 113.2)

« Mon âme, bénis l'Éternel, et n'oublie aucun de ses bienfaits ! » (Ps 103.2)

Au nom de Jésus Christ ! Ici, maintenant, et pour toujours, Gloire au Père, Gloire au Fils, Gloire au Saint-Esprit. Honneur et Respect aux Membres des Forces du Bien. Amen. Amen. Amen.

MANIFESTE POUR TOISER LA PEUR DE L'ÉCHEC

(POUR DÉPASSER LE SENTIMENT DE L'ÉCHEC ET ALLER DE L'AVANT)

Mon Chemin me Conduit à mon But Divin. Amen.

L'ignorance voulait susciter mes émotions de crainte, me poussant à croire que je pouvais faillir, mais c'est faux, ce n'est qu'une illusion, car je sais maintenant que je ne peux faillir dès l'instant que je poursuis mon chemin avec foi et persévérance.

Alors, je me tranquillise, je me calme, je me détends et poursuis paisiblement mon chemin avec foi et persévérance.

Oui, je continue mes œuvres avec détermination et foi. Oui, c'est uniquement mon chemin que je poursuis, il me conduit à mon but divin.

Alors, que je demeure en paix, tout en œuvrant efficacement pour atteindre mon but divin.

Dans ce sens, j'agis du mieux que je le peux pour tenir bon et, s'agissant du résultat, je m'en remets au Père Éternel, mon Dieu, mon Créateur.

« Merci SEIGNEUR, dès maintenant et pour toujours ! » (Ps 113.2)

« Mon âme, bénis l'Éternel, et n'oublie aucun de ses bienfaits ! » (Ps 103.2)

Au nom de Jésus Christ ! Ici, maintenant, et pour toujours, Gloire au Père, Gloire au Fils, Gloire au Saint-Esprit. Honneur et Respect aux Membres des Forces du Bien. Amen. Amen. Amen.

Prière pour Dépasser les Apparences Trompeuses

(Pour œuvrer avec persévérance et succès)

Le Pouvoir qui Dépasse la Barrière des Apparences. Amen.

Tes promesses, ô Père Éternel, mon Dieu, me rassurent.

Tes promesses, ô Père Éternel, mon Dieu, me donnent confiance.

Oui ! Tes promesses me font ouvrir mes portes les plus lourdes,

et déclenchent, en moi, le pouvoir qui abaisse les obstacles.

Elles suscitent, en moi, le noble désir de gérer ma peur et d'avancer.

Alors, ô Éternel, mon Dieu, mon Créateur, je monte harmonieusement. Et, par ta Grâce, je réalise les faits signes de toi, dignes des contes de fée.

Car tes promesses, ô Père Éternel, mon Dieu, mon Créateur, me donnent le pouvoir de viser plus haut. Alors je réalise les faits signes de foi en toi, dignes des contes de fées, par ta Grâce.

J'agis donc du mieux que je le peux pour réussir, s'agissant du résultat, je m'en remets à toi Père Éternel, Dieu Juste et Bienveillant par qui les obstacles s'abaissent, et le succès intervient.

« Merci SEIGNEUR, dès maintenant et pour toujours ! » (Ps 113.2)

« Mon âme, bénis l'Éternel, et n'oublie aucun de ses bienfaits ! » (Ps 103.2)

Au nom de Jésus Christ ! Ici, maintenant, et pour toujours, Gloire au Père, Gloire au Fils, Gloire au Saint-Esprit. Honneur et Respect aux Membres des Forces du Bien. Amen. Amen. Amen.

Prière pour Raviver la Magie de la Présence de Dieu

(Pour favoriser le bien-être et des accomplissements réjouissants)

Je Me Sens Regarder Par Toi, Je Ressens Ta Présence En Moi, Éternel, Mon Dieu ! Amen.

Ô Éternel, Père Éternel, mon Dieu, Bon et Merveilleux !

Je me sens regarder par toi, je ressens ta présence en moi.

Oui, en ce moment même, je te sens opérer des merveilles en moi.

Tant une force merveilleuse me caresse et m'ôte toute paralysie.

Ô toi qui opères merveilleusement et secrètement en mon cœur, animant en moi des sensations paisibles et indescriptibles, qu'es-tu donc en train de faire en moi, qu'es-tu donc en train de faire ?

Ta plénitude m'enveloppe délicatement et me plonge dans un cocon magique, tout en me laissant toute liberté de contemplation à la fois active et pacifique.

Oui, Éternel, mon Dieu, mon Créateur, par toi ce jour, je me sens comme une mariée en voyage de noces, savourant les exquises caresses et enchantements de son merveilleux époux.

Alors, dans tes bras je m'abandonne car, après les noces, s'enchaîne le programme des merveilles à bâtir et à vivre ensemble, mon Amour.

Alors, ô Éternel, mon Dieu, Bon et Merveilleux, que ta volonté s'accomplisse !

Par ce consentant échange que je manifeste, qu'elle s'accomplisse ! pour que je produise davantage d'Actions de grâce, par temps de peine ou de joie.

Et que mon être se souvienne de ton amour captivant, libérateur et constructif à la fois, par temps de peine ou de joie.

« Merci SEIGNEUR, dès maintenant et pour toujours ! » (Ps 113.2)

« Mon âme, bénis l'Éternel, et n'oublie aucun de ses bienfaits ! » (Ps 103.2)

Au nom de Jésus Christ ! Ici, maintenant, et pour toujours, Gloire au Père, Gloire au Fils, Gloire au Saint-Esprit. Honneur et Respect aux Membres des Forces du Bien. Amen. Amen. Amen.

Prière d'Animation de l'Action Divine en Soi

(Pour une vie riche d'actions épanouissantes)

Il N'y a Rien d'aussi Merveilleux
que la Puissance Divine en Action. Amen.

Ô Éternel, Père Éternel, Dieu Bon et Bienfaisant !

Il n'y a rien d'aussi délicieux que ton Amour dans mon cœur !

Tu me ranimes, tu me régénères, tu me ceints de force et de pourvoir pour agir avec persévérance et foi en toi. MERCI Mon Dieu !

Oui, il n'y a rien d'aussi merveilleux que ta Puissance en action dans ma vie, et moi, au cœur de l'action, évoluant avec persévérance et foi par temps d'épreuve ou de joie,

signe, de ta présence en moi et autour de moi.

Alors ô Éternel, mon Dieu, Bon et Merveilleux, je souhaite que ta volonté s'accomplisse. Par ce consentant échange que je manifeste, qu'elle s'accomplisse ! pour que je produise davantage d'Actions de grâce, par temps de peine ou de joie.

Et que mon être se souvienne de ton Amour captivant, libérateur et constructif à la fois, par temps de peine ou de joie.

« Merci SEIGNEUR, dès maintenant et pour toujours ! » (Ps 113.2)

« Mon âme, bénis l'Éternel, et n'oublie aucun de ses bienfaits ! » (Ps 103.2)

Au nom de Jésus Christ ! Ici, maintenant, et pour toujours, Gloire au Père, Gloire au Fils, Gloire au Saint-Esprit. Honneur et Respect aux Membres des Forces du Bien. Amen. Amen. Amen.

Prière pour Faire le Bilan de ses Actes et Promouvoir une Suite Épanouissante

(Pour se disposer à des actions valorisantes et épanouissantes)

Dorénavant, Je Passe à un Meilleur Niveau d'Accomplissements Utiles. Amen.

Éternel, ô Père Éternel, Dieu Bon et Magique !

À cette étape de ma vie, je me tourne humblement vers toi.

Et je te présente l'ensemble du parcours de ma vie jusqu'à ce jour.

Jetant un regard sur mon enfance, ma jeunesse et sur moi à ce jour, je ne peux manquer de te rendre grâce en signe de ma reconnaissance.

Oui, Père Éternel, pour tout ce que j'ai réalisé jusqu'ici, je te remercie.

Je te remercie et te manifeste ma reconnaissance pour mon enfance, ma jeunesse, et ma vie à ce jour.

Plus généralement, je te remercie et te manifeste ma reconnaissance pour chaque jour de mon existence ici. Ayant compris, avec foi et fierté, ô combien tu es présent à chaque fois dans ma vie.

Alors, fort de ma foi en ton amour à mon égard, je me tourne humblement vers toi. Car dorénavant, je souhaite intervenir à un meilleur niveau dans mes actes à ta gloire, par des accomplissements épanouissants et des jouissances, signe de ton amour étonnant.

Oui, Éternel, mon Dieu, mon Créateur, je souhaite que par moi aussi, tu accomplisses des merveilles dans le monde des vivants, en signe de ta présence fertile et active pour quiconque revient demeurer dans ta Grâce.

« Merci SEIGNEUR, dès maintenant et pour toujours ! » (Ps 113.2)

« Mon âme, bénis l'Éternel, et n'oublie aucun de ses bienfaits ! » (Ps 103.2)

Prière pour Favoriser l'Acquisition de Hautes Compétences

Je n'ai Plus Peur d'Œuvrer pour l'Ouvrage de mon Destin. Amen.

Ô Éternel, mon Dieu, je suis très heureux/se que tu m'appelles !

Ô Éternel, mon Dieu, je suis très fier que tu m'invites au festin !

Et je te remercie d'avoir ouvert mes sens pour percevoir ton invitation.

Je te remercie, aussi, d'avoir généreusement répondu à mes appels, pour mon destin.

Oui, Père Éternel, mon Dieu ! Je suis prêt/e ! Je n'ai plus peur d'œuvrer pour l'ouvrage de mon destin.

Car, j'ai enfin compris que c'est là ton invitation qui me mène à l'accomplissement de mon destin.

Alors, ô Père Éternel, mon Dieu, j'accepte, j'accepte, j'accepte avec foi et joie, ton invitation à l'accomplissement de mon destin.

Mes craintes sont parties, évaporées, et je suis prêt/e pour accomplir mes œuvres, c'est un grand honneur pour moi. MERCI SEIGNEUR.

Car par ta Grâce, mes compétences ont pris une autre dimension, celle d'agir avec le Plus-Haut.

Oui, c'est ta Grâce, ô Éternel, mon Dieu qui, m'ayant saisi, a rendu tout cela accessible et porté au meilleur niveau.

Ma part, quant à elle, est d'accepter ma transformation et d'œuvrer avec foi et persévérance dans le bon sens.

C'est pourquoi je te supplie, ô Père Éternel, mon Dieu, de me protéger de tout danger, m'aider à agir et réagir paisiblement avec succès, dans le bon sens, honorant ainsi ton saint nom, et celui de Jésus Christ, ton Merveilleux Saint Fils, Jésus Christ.

« Merci SEIGNEUR, dès maintenant et pour toujours ! » (Ps 113.2)

« Mon âme, bénis l'Éternel, et n'oublie aucun de ses bienfaits ! » (Ps 103.2)

Au nom de Jésus Christ ! Ici, maintenant, et pour toujours, Gloire au Père, Gloire au Fils, Gloire au Saint-Esprit. Honneur et Respect aux Membres des Forces du Bien. Amen. Amen. Amen.

Prière pour l'Accès aux Fonctions de Niveau Supérieur

La Main de Dieu l'Éternel Me Conduit Par-delà Mes Frontières. Amen.

Ô Père Éternel ! Mon Dieu, mon Créateur !

Ton amour pour moi, au fil du temps,

ne cesse de prendre des dimensions exceptionnelles,

et toujours, me pousse, m'encourage à aller de l'avant.

Tu relèves et m'élèves, et tu me conduis jusqu'aux coins secrets,

que seuls ceux et celles qui ont ton autorisation, peuvent contempler.

Alors, je suis, en ton sein merveilleux, émerveillé et éveillé !

Car c'est toi, ô Père Éternel, mon Dieu, mon conducteur ici et ailleurs.

Ta grâce m'environne même lorsque j'imagine le contraire !

Et désormais, ta sainte main est sur moi, ô Père Éternel !

pour me conduire par-delà mes frontières !

accomplir des merveilles avec foi, par ta Grâce !

J'agis donc du mieux que je le peux pour réussir, s'agissant du résultat, je m'en remets à toi Père Éternel, Dieu Juste et Bienveillant par qui les obstacles s'abaissent, et le succès intervient.

« Merci SEIGNEUR, dès maintenant et pour toujours ! » (Ps 113.2)

« Mon âme, bénis l'Éternel, et n'oublie aucun de ses bienfaits ! » (Ps 103.2)

Au nom de Jésus Christ ! Ici, maintenant, et pour toujours, Gloire au Père, Gloire au Fils, Gloire au Saint-Esprit. Honneur et Respect aux Membres des Forces du Bien. Amen. Amen. Amen.

Prière pour Activer l'Accès à une Activité Valorisante

Les Signes d'un Merveilleux Changement. Amen.

Ô Éternel, mon Dieu, mon Créateur !

Divers signes m'indiquent mon renouveau !

Divers signes m'annoncent mon progrès et mon avancement !

Divers signes me prédisent de ce qui va se produire, pour bientôt !

Oui Éternel ! Un tout petit enfant, ou un incrédule, s'en rendrait compte !
Oui ! Quelque chose de nouveau est en route et est là, pour bientôt !

Ma nouvelle page d'histoire, déjà écrite, va se lire en public !

Ma nouvelle scène de vie, déjà accomplie, va se jouer en public !

Oui, par ta Grâce, je présente bientôt, au monde, ma face sublime !

Alors, je m'apaise, me calme et me prépare, tout simplement.

Et quoi que je voie, entende ou ressente, je reste calme et imperturbable.

Car bientôt, je présente au monde l'œuvre d'une grâce divine.

J'agis donc du mieux que je le peux pour réussir, s'agissant du résultat, je m'en remets à toi Père Éternel, Dieu Juste et Bienveillant par qui les obstacles s'abaissent, et le succès intervient.

« Merci SEIGNEUR, dès maintenant et pour toujours ! » (Ps 113.2)

« Mon âme, bénis l'Éternel, et n'oublie aucun de ses bienfaits ! » (Ps 103.2)

Au nom de Jésus Christ ! Ici, maintenant, et pour toujours, Gloire au Père, Gloire au Fils, Gloire au Saint-Esprit. Honneur et Respect aux Membres des Forces du Bien. Amen. Amen. Amen.

Prière pour Déclencher des Réalisations Importantes

(Pour rendre le parcours de la vie plus motivant)

Dieu l'Éternel me Soutient et me Propulse en Douceur. Amen.

Je te remercie et te rends grâce, Père Éternel !

Tu es Bon et Merveilleux avec moi !

Tu m'instruis et me construis utilement !

Tu me soutiens et me propulses en douceur !

Tu es Bon, Merveilleux et Bienveillant avec moi, Père Éternel !

Alors, mon cœur est en paix, j'œuvre avec persévérance et foi pour des réalisations signes de toi, et dignes de foi en toi, ô Éternel

Alors, je dis à *« Mon âme, bénis l'Éternel, et souviens-toi de tous ses bienfaits ! »* Et encore, ô Père Éternel, mon Dieu, mon Créateur, *«Merci SEIGNEUR, dès maintenant et pour toujours»*

Oui, *« Mon âme, bénis l'Éternel, et n'oublie aucun de ses bienfaits ! »* (Ps 103.2)

Au nom de Jésus Christ ! Ici, maintenant, et pour toujours, Gloire au Père, Gloire au Fils, Gloire au Saint-Esprit. Honneur et Respect aux Membres des Forces du Bien. Amen. Amen. Amen.

Prière pour Favoriser de Merveilleuses Réalisations

Dieu l'Éternel a Semé d'Innombrables Trésors en Moi. Amen.

Ô Père Éternel, mon Dieu ! Mon Créateur ! Mon cœur entre dans la joie à chaque instant que je me retourne vers toi !

Tout mon être trésaille d'allégresse et bout de confiance, témoin de ton amour pour moi.

A chaque occasion que j'entre en communication avec toi, tu me transformes harmonieusement, en douceur.

Tu rallumes la flamme de ton amour en moi, et tu y sèmes d'innombrables trésors magnifiques.

Oui, Père Éternel, mon Dieu, tu m'aimes, je le sais, je le sens, j'en suis… persuadé.

Aussi, m'invites-tu souvent à venir à toi, contempler et me réjouir de tes richesses.

C'est tellement beau, c'est tellement agréable, le festin divin !

Alors, ô Père Éternel, mon Dieu, j'accepte avec foi tes invitations, elles m'honorent !

Oui ! Père Éternel, mon Dieu, tes invitations me sortent de mon terrier et me placent dans ta festive salle.

Et « *pour moi c'est trop beau* », de me savoir parmi les invités d'honneur de Dieu Tout-Puissant. <

Alors Dieu, mon Dieu, que mon être s'attache à toi, et que mon âme te demeure fidèle pour toujours.

Et que Louange et Gloire te soient davantage rendues sur toute la terre, de génération en génération à travers les âges.

C'est pourquoi, je te supplie d'illuminer davantage ta création, et d'appeler davantage au festin de ton amour, en ravivant fortement la foi en toi à travers de réjouissantes nouvelles et bons accomplissements, afin que ce monde que tu créas, te réjouisse de mieux en mieux le cœur à travers les âges, de génération en génération.

Quant à moi, j'agis du mieux que je le peux pour tenir bon et, s'agissant du résultat, je m'en remets à toi Père Éternel, mon Dieu, mon Créateur.

« Merci SEIGNEUR, dès maintenant et pour toujours ! » (Ps 113.2)

« Mon âme, bénis l'Éternel, et n'oublie aucun de ses bienfaits ! » (Ps 103.2)

Au nom de Jésus Christ ! Ici, maintenant, et pour toujours, Gloire au Père, Gloire au Fils, Gloire au Saint-Esprit. Honneur et Respect aux Membres des Forces du Bien. Amen. Amen. Amen.

MANIFESTE POUR JOUIR DE SES DONS SPIRITUELS

Je Suis Un Puissant Bon Esprit. Amen. (Bis)

Je prends conscience, et j'en suis persuadé de ce que je suis un esprit puissant, un bon puissant esprit.

Mes pouvoirs dépassent l'entendement humain !

Oui ! Je suis un bon esprit puissant, et actif, avec une importante mission dans ce monde.

Mon être temporel, également, en a pris conscience.

Maintenant, je souhaite que nous œuvrons à l'unisson pour connaître de grandes satisfactions dans ce que nous décidons d'entreprendre et d'accomplir dans le bon sens.

Amen, je rends grâce, tout se déroule merveilleusement bien. Par la Grâce de Dieu, les fruits de notre travail viendront couronner nos constants efforts.

Raison pour laquelle je prie et supplie Dieu le SEIGNEUR, de fertiliser nos bons efforts.

«Je remercie le Seigneur qui me conseille. Même la nuit ma conscience me parle» (Ps. 16 7)

« Mon âme, bénis l'Éternel, et n'oublie aucun de ses bienfaits ! » (Ps 103.2)

Au nom de Jésus Christ ! Ici, maintenant, et pour toujours, Gloire au Père, Gloire au Fils, Gloire au Saint-Esprit. Honneur et Respect aux Membres des Forces du Bien. Amen. Amen. Amen.

Prière pour Recevoir le Don de Réaliser son Projet

La Grâce Divine Est avec Moi, que des Inspirations Divines Me Parviennent. Amen.

Éternel ! Ô Père Éternel, mon Dieu, mon Créateur !

Je sais à présent que nous allons accomplir des merveilles !

Je sais à présent que par moi, tu veux intervenir activement !

Alors, ô Éternel, mon Dieu, mon Créateur, je me prépare, et demeure actif/ve pour accomplir ce merveilleux programme d'ores et déjà élaboré en ton sein, et pour lequel tu m'inspires.

Oui, ta Grâce est avec moi, les inspirations me parviennent.

Alors ô Éternel, mon Dieu, mon Créateur, je souhaite que par ta Grâce, vienne le temps où les fruits de mon travail nous réjouissent le cœur.

Raison pour laquelle je te supplie, ô Père Éternel, mon Dieu, mon Créateur, de me garder sous ta précieuse protection, m'inspirer davantage et m'aider à agir et réagir avec succès dans le bon sens, honorant ainsi ton saint nom, et celui de ton Merveilleux Saint Fils, Jésus Christ.

« Merci SEIGNEUR, dès maintenant et pour toujours ! » (Ps 113.2)

« Mon âme, bénis l'Éternel, et n'oublie aucun de ses bienfaits ! » (Ps 103.2)

Au nom de Jésus Christ ! Ici, maintenant, et pour toujours, Gloire au Père, Gloire au Fils, Gloire au Saint-Esprit. Honneur et Respect aux Membres des Forces du Bien. Amen. Amen. Amen.

Prière pour Aller de l'Avant et Accéder aux Merveilles

(Pour activer la volonté d'évoluer au mieux)

Celui qui Avance dans le Bon Sens,
Ne Peut que Progresser au Mieux. Amen.

Ô Éternel, je jette un regard paisible en arrière !

Et j'observe tranquillement mon parcours d'autrefois.

Quelle merveilleuse progression ! Quel bel avancement !

Il y a quelque temps, même mon imagination active et inventive ne me donnait la mesure des diverses merveilles qui me réjouissent.

Mais toi, ô Éternel, tu connais tout, et tu as divinement tout prévu.

Et je comprends pourquoi tu m'encourages à aller de l'avant, poursuivre paisiblement ma route sans crainte, mais avec espoir. Amen.

Alors, je poursuis mon chemin avec espoir pour cueillir des merveilles.

Car quiconque avance avec persévérance dans le bon sens, ne peut que progresser au mieux.

Raison pour laquelle je te supplie, ô Père Éternel, mon Dieu, mon Créateur, de me garder sous ta précieuse protection, m'inspirer davantage et m'aider à agir et réagir avec succès dans le bon sens, honorant ainsi ton saint nom, et celui de ton Merveilleux Saint Fils, Jésus Christ.

« Merci SEIGNEUR, dès maintenant et pour toujours ! » (Ps 113.2)

« Mon âme, bénis l'Éternel, et n'oublie aucun de ses bienfaits ! » (Ps 103.2)

Au nom de Jésus Christ ! Ici, maintenant, et pour toujours, Gloire au Père, Gloire au Fils, Gloire au Saint-Esprit. Honneur et Respect aux Membres des Forces du Bien. Amen. Amen. Amen.

Manifeste pour Favoriser un Meilleur Parcours de Vie

(Pour favoriser un meilleur avenir)

Je Trace Maintenant ce que le Monde Constatera Bientôt. Amen. (Bis)

Je suis un être spirituel aux pouvoirs de réalisation surprenants.

Je suis capable de produire et de vivre une passionnante histoire.

Alors, je visualise à présent ce que le monde constatera bientôt.

Je visualise le bonheur, la réussite et le succès.

Je visualise la paix, la sécurité et la sainteté.

Je visualise l'élévation de la ferveur de la foi chrétienne.

Et je me mets à l'œuvre pour concrétiser tout cela grâce à Dieu.

Je me mets activement à l'action pour vivre ma passionnante histoire.

Car je souhaite que l'histoire que je trace à présent soit révélée au monde au bon moment.

Tout est déjà à l'œuvre en l'Esprit et tout est à l'œuvre dans le visible.

Je m'en réjouis et rends grâce pour toutes ces merveilles en gestation.

Et je dis, avec foi : « *Mon Âme bénis l'Éternel, et souviens-toi de tous ses bienfaits !* » Car c'est lui qui me donne le pouvoir de production et jouissance des merveilles !

« *Merci SEIGNEUR, dès maintenant et pour toujours !* » (Ps 113.2)

Au nom de Jésus Christ ! Ici, maintenant, et pour toujours, Gloire au Père, Gloire au Fils, Gloire au Saint-Esprit. Honneur et Respect aux Membres des Forces du Bien. Amen. Amen. Amen.

Prière pour Favoriser le Succès d'un Programme Épanouissant

(Pour passer à l'étape supérieure de ses accomplissements)

Le Pouvoir de Sculpter des Objets d'Arts qui Traversent les Âges. Amen.

Éternel ! Ô Éternel, mon Dieu, mon Créateur !

À partir d'un son, tu as créé la terre et des merveilles extraordinaires !

À partir de la poussière de la terre, tu as créé l'être humain au pouvoir d'évolution surprenante.

À partir des fragments de métaux à sa disposition, l'être humain évolutif, habile et bon sculpteur, façonne des objets d'art qui traversent les âges de siècle en siècle !

Éternel, ô Éternel, mon Dieu, mon Créateur ! Je prends conscience, en vérité, des pouvoirs que tu m'as conférés pour réaliser des merveilles, tout en évoluant harmonieusement dans le bon sens.

Alors, je trace mon programme et visualise mes réalisations qui viennent confirmer les dons, pouvoirs, qu'autrefois tu m'as conférés.

Oui, je me mets à l'œuvre pour garnir généreusement le parcours de ma vie ! Oui, je m'active pour garnir généreusement les évènements de ma vie !

Je fais donc de ma vie, un précieux outil au service de ton Esprit en action dans ce monde. Raison pour laquelle je te supplie de m'aider à réaliser quelque chose de mieux que je l'avais envisagé.

« Merci SEIGNEUR, dès maintenant et pour toujours ! » (Ps 113.2)

« Mon âme, bénis l'Éternel, et n'oublie aucun de ses bienfaits ! » (Ps 103.2)

Au nom de Jésus Christ ! Ici, maintenant, et pour toujours, Gloire au Père, Gloire au Fils, Gloire au Saint-Esprit. Honneur et Respect aux Membres des Forces du Bien. Amen. Amen. Amen.

Prière pour Accepter de Sortir le Meilleur de Soi

(Pour bénéficier de la fertilité de l'Esprit Saint)

Par Moi, aussi, Dieu l'Éternel Accomplit l'Œuvre de Ses Mains. Amen.

Ô Éternel, Père Éternel, mon Dieu, mon Créateur !

Par moi tu passes, ô Éternel, tu passes par moi aussi pour des réalisations merveilleuses dans ce monde.

Alors, je demeure calme pour écouter tes instructions qui ne tarderont pas à me parvenir très bientôt afin que, par moi aussi, soit accomplie l'œuvre de tes mains.

Et que le monde se réjouisse encore des merveilles de ta Grâce.

Raison pour laquelle, je te supplie, ô Père Éternel, mon Dieu, mon Créateur, de me garder sous sa précieuse protection, m'inspirer davantage et m'aider à agir et réagir dans le bon sens, honorant ainsi son saint nom, et celui de son Merveilleux Saint Fils, Jésus Christ.

« Merci SEIGNEUR, dès maintenant et pour toujours ! » (Ps 113.2)

« Mon âme, bénis l'Éternel, et n'oublie aucun de ses bienfaits ! » (Ps 103.2)

Au nom de Jésus Christ ! Ici, maintenant, et pour toujours, Gloire au Père, Gloire au Fils, Gloire au Saint-Esprit. Honneur et Respect aux Membres des Forces du Bien. Amen. Amen. Amen.

Prière pour Favoriser l'Accomplissement des Fonctions Valorisantes

J'Accepte d'Accomplir l'Objet Véritable de Ma Mission. Amen.

Éternel, ô Père Éternel, Dieu Bon et Bienveillant !

Je sais à présent ce que j'ai à faire dans ce monde.

Je sais ce que je suis venu accomplir dans le monde.

Voilà pourquoi je te prie de m'aider à l'accomplir, afin que s'accomplisse le programme établi par toi.

Tu es Dieu Bon et Merveilleux, Bienveillant et Généreux.

Tu m'instruis utilement, et me soutiens en douceur.

Alors j'accepte de réaliser ce que j'ai à accomplir dans ce monde.

D'ores et déjà, j'agis en entreprenant ce que tu me présentes actuellement. Car du passé découle le présent et du présent découle le futur, que je trace pour accomplir ce que le monde ne voit pas encore, mais qui existe déjà tout prêt.

Oui, d'ores et déjà, d'abondants fruits attendent mes efforts pour être cueillis au monde.

Raison pour laquelle je te supplie, ô Père Éternel, mon Dieu, mon Créateur, de me garder sous ta précieuse protection, m'inspirer davantage et m'aider à agir et réagir dans le bon sens, honorant ainsi ton saint nom, et celui de son Merveilleux Saint Fils, Jésus Christ.

« Merci SEIGNEUR, dès maintenant et pour toujours ! » (Ps 113.2)

Au nom de Jésus Christ ! Ici, maintenant, et pour toujours, Gloire au Père, Gloire au Fils, Gloire au Saint-Esprit. Honneur et Respect aux Membres des Forces du Bien. Amen. Amen. Amen.

Prière contre les Efforts Infructueux

(Lorsque malgré les efforts, les résultats restent absents ou insuffisants)

Je Souhaite que Mes Bons Efforts Réjouissent Nos Cœurs. Amen.

Éternel, ô Père Éternel, Dieu Bon et Merveilleux !

Je regarde mes efforts, je regarde mes espoirs animés, et je suis déçu, au bord du découragement et du laisser-tomber.

Car les efforts que je fournis semblent vains, peu encourageants.

Si j'étais paresseux ou malintentionné, je pourrais à juste titre craindre l'échec, mais tel n'est pas le cas. Je comprends donc que c'est vers toi que je dois me tourner pour déclencher un bon dénouement.

Alors humblement, je me tourne vers toi, ô Père Éternel, Dieu Bon et Généreux, et je te présente mon travail et mes efforts.

Car c'est toi la Merveille, la Source de toutes les sources. Avec toi, rien n'est impossible, tout est possible.

Tu sais tout ce dont j'ai besoin, et tu vois ma situation. Alors me voici, ô Père Éternel ! Je te présente mon travail et me confie humblement à toi, mon Dieu, mon Créateur.

Mon cœur me disant de ta part : celui qui n'a pas d'épreuve ne peut connaître l'évolution non plus, je reste actif/ve, et ne baisserai point les bras, car « *tout travail mérite salaire* », l'effort l'encouragement.

Raison pour laquelle je te supplie humblement de fertiliser mon travail à travers un résultat encourageant mes bons efforts.

« *Merci SEIGNEUR, dès maintenant et pour toujours !* » (Ps 113.2)

Au nom de Jésus Christ ! Ici, maintenant, et pour toujours, Gloire au Père, Gloire au Fils, Gloire au Saint-Esprit. Honneur et Respect aux Membres des Forces du Bien. Amen. Amen. Amen.

Prière pour Faire de ses Efforts des Satisfactions Encourageantes

Moi Qui Aime l'Effort, Je Ne Peux Qu'Aller de L'Avant. Amen.

Ce que je comprends, ô Éternel, mon Dieu, c'est que tu m'aimes vraiment beaucoup.

Tu me soutiens également beaucoup.

Tu apprécies mes efforts et mes bons actes.

Tu encourages les actes constructifs, les efforts conduisant au meilleur niveau de conscience.

Tu me pousses à en fournir davantage pour un meilleur résultat, pour me combler davantage.

Oui, tu combles davantage quiconque fournit de réels efforts.

Alors ô Éternel, mon Dieu, moi qui aime l'effort, et apprécie ton soutien, je ne peux qu'aller de l'avant pour honorer tes grâces et me réjouir pleinement de ton divin soutien encourageant et motivant.

Raison pour laquelle humblement, je te prie encore de me protéger et de fertiliser le fruit de mon travail à travers un résultat encourageant mes bons efforts.

« Merci SEIGNEUR, dès maintenant et pour toujours ! » (Ps 113.2)

« Mon âme, bénis l'Éternel, et n'oublie aucun de ses bienfaits ! » (Ps 103.2)

Au nom de Jésus Christ ! Ici, maintenant, et pour toujours, Gloire au Père, Gloire au Fils, Gloire au Saint-Esprit. Honneur et Respect aux Membres des Forces du Bien. Amen. Amen. Amen.

Manifeste pour favoriser une bonne rémunération

La Source Divine Rémunère Merveilleusement Mes Œuvres. Amen. (Bis)

La grâce divine est avec moi, en moi, et autour de moi.

La Source divine rémunère merveilleusement mon travail, pour mon grand bonheur et pour la victoire de l'Esprit en action, victoire qui signe encore la gloire des pouvoirs des Forces du Bien.

Amen, je rends grâce et bénis Dieu l'Éternel pour cette merveilleuse motivation qui m'est utile.

Raison pour laquelle, je supplie encore le Père Éternel, mon Dieu, mon Créateur, de me garder sous sa précieuse protection, m'inspirer davantage et m'aider à agir et réagir avec succès dans le bon sens, honorant ainsi son saint nom, et celui de son Merveilleux Saint Fils, Jésus Christ.

« Merci SEIGNEUR, dès maintenant et pour toujours ! » (Ps 113.2)

« Mon âme, bénis l'Éternel, et n'oublie aucun de ses bienfaits ! » (Ps 103.2)

Au nom de Jésus Christ ! Ici, maintenant, et pour toujours, Gloire au Père, Gloire au Fils, Gloire au Saint-Esprit. Honneur et Respect aux Membres des Forces du Bien. Amen. Amen. Amen.

Prière pour le divin Soutien en Période d'Attente d'Accomplissements

(Également en temps ordinaire, pour bénéficier du coup de pouce divin)

C'est Par Milliers que Dieu l'Éternel Me Fait Des Signes. Amen.

Éternel, ô Père Éternel, Dieu Bon et Merveilleux ! Je t'en prie !

Vois mon désir de communiquer avec toi, Éternel mon Dieu !

Vois ma détermination à me tourner constamment vers toi !

Et par ta miséricorde bienveillante, daigne me faire un signe de grâce afin que je ne souffre point de ton silence, mais que bien au contraire mon désir de me tourner vers toi soit motivé par ta générosité.

Éternel, ô Père Éternel, Dieu Bon et Merveilleux, Bienveillant et Généreux, je te prie de te rappeler que l'ingratitude fait baisser les bras, même des plus fervents.

Heureusement, tu n'es point un Dieu ingrat, mais le Dieu Juste et Généreux.

Alors, je te supplie de pardonner pour mon impatience, mon insolence et mon ignorance. Car je prends conscience que c'est par milliers que tu me fais des signes.

Oui Père Éternel, mon Dieu, même lorsque je me crois immobilisé, tu me propulses en douceur.

J'agis donc du mieux que je le peux pour réussir, s'agissant du résultat, je m'en remets à toi Père Éternel, Dieu Juste et Bienveillant par qui les obstacles s'abaissent, et le succès intervient.

« Merci SEIGNEUR, dès maintenant et pour toujours ! » (Ps 113.2)

« Mon âme, bénis l'Éternel, et n'oublie aucun de ses bienfaits ! » (Ps 103.2)

Manifeste contre la Pression de l'Attente en cours d'Accomplissement

(Pour gérer la pression en période d'attente au cours d'un projet)

De la Patience et de l'Action me Conduisent au Sommet de l'Accomplissement.

Ô ma tête, toi qui doutes pour si peu, m'accablant pour un rien,

Relativise, relative les faits, et dirige l'attention vers le nouveau.

Tu penses que tu n'en peux plus, que tu es au bout !

Nul doute que le passé peut faire redouter le futur et gâcher le présent !

Nul doute, aussi, que ce que tu traverses génère de l'angoisse, de la pression.

Seulement, ne te laisse pas prendre dans le filet de l'angoisse, ni de la pression.

Ô toi qui as le divin pouvoir de faire en sorte qu'il en soit autrement, par ces mots, sois rassuré et tiens bon pour te surpasser.

Surtout, calme-toi pour ne pas te laisser envahir par ce qui déroute.

Pour le reste, de la patience et de l'action te conduiront au sommet.

Oui, toi qui œuvres tant en l'Esprit que dans le monde des vivants, tu pourras récolter les fruits de ton travail, récompense méritée.

Alors, alors, la paix, la paix, sois tranquille ! Poursuis ton divin chemin. Quelles que soient les apparences, il te mène en ce moment au sommet.

«Je remercie le Seigneur qui me conseille. Même la nuit, ma conscience me parle» (Ps.16 7)

« Mon âme, bénis l'Éternel, et n'oublie aucun de ses bienfaits ! » (Ps 103.2)

Au nom de Jésus Christ ! Ici, maintenant, et pour toujours, Gloire au Père, Gloire au Fils, Gloire au Saint-Esprit. Honneur et Respect aux Membres des Forces du Bien. Amen. Amen. Amen.

Prière pour Surmonter ses Préoccupations et Garder l'Espoir en une Suite Favorable

Face à ce qui me Préoccupe, l'Éternel, mon Dieu, M'Oriente, et Me Soutient Bien. Amen.

Je ne puis me détourner de ma foi en toi, ô Éternel, Dieu Bon et Généreux.

Je ne puis me défaire de ma confiance en toi, ô Éternel, Dieu Bon et Généreux.

Je ne puis donc me laisser téléguider, manipuler, par ce qui accapare mon attention. Car face à ce qui me préoccupe, toi, l'Éternel, mon Dieu, tu m'orientes, et me soutiens bien.

Oui, lorsque j'y repense, je comprends qu'à chaque instant, tu me guides vers la bonne solution.

Ainsi, tout ce qui mobilise mon attention, cherche à déclencher mon pouvoir d'action.

Alors ô Éternel, mon Dieu, Bon et Merveilleux, c'est avec confiance et foi que je m'élève pour dépasser les apparences et poursuivre mon évolution et mon ascension, tout en jouissant paisiblement des grâces de mon travail, récompense bien méritée.

C'est pour cela que je dis, avec foi, *« Merci SEIGNEUR, dès maintenant et pour toujours ! »*

« Mon âme, bénis l'Éternel, et n'oublie aucun de ses bienfaits ! » (Ps 103.2)

Au nom de Jésus Christ ! Ici, maintenant, et pour toujours, Gloire au Père, Gloire au Fils, Gloire au Saint-Esprit. Honneur et Respect aux Membres des Forces du Bien. Amen. Amen. Amen.

Prière pour Réanimer l'Espoir, Source de Dépassement de Soi

(Pour entretenir des visions motivantes de l'existence)

Qu'il est Rassurant de se Sentir Aimé(e) par Dieu l'Éternel ! Amen.

Éternel, ô Père Éternel, Dieu Bon et Bienveillant !

Qu'il fait bon de se sentir aimer par toi, ô Éternel !

Qu'il est encourageant de recevoir ton soutien, ô Éternel !

Oui, il est stimulant d'avoir conscience de ton amour, ô Éternel !

Il est merveilleux d'avoir la foi en un après plus épanouissant !

Il est réjouissant de passer par toi pour des accomplissements signes de la foi et de la confiance en toi !

Alors ô Père Éternel, mon Dieu, mon Créateur, je souhaite que mon cœur soit en paix, mon esprit plein d'espoir !

Oui, quelle que soit ma situation, je veux garder espoir et œuvrer avec persévérance, foi et de la confiance en toi.

Car par toi, je me sais exister au-delà du visible, ô Éternel !

Oui par toi, je peux m'accomplir au-delà du visible, ô Éternel !

Car par toi, l'infime visibilité ne masque plus l'iceberg, ô Éternel !

J'agis donc et réagis du mieux que je le peux. Pour le déroulement et le résultat, je m'en remets à toi Dieu Tout-Puissant, par qui les obstacles disparaissent et la vie se poursuit harmonieusement dans le bon sens, avec succès.

« Merci SEIGNEUR, dès maintenant et pour toujours ! » (Ps 113.2)

« Mon âme, bénis l'Éternel, et n'oublie aucun de ses bienfaits ! » (Ps 103.2)

Au nom de Jésus Christ ! Ici, maintenant, et pour toujours, Gloire au Père, Gloire au Fils, Gloire au Saint-Esprit. Honneur et Respect aux Membres des Forces du Bien. Amen. Amen. Amen.

Prière d'Action de Grâce pour Fertiliser les Œuvres Nées de la Foi

(Pour multiplier les bonnes actions issues de la foi en Dieu l'Éternel)

L'Éternel Récompense Quiconque Œuvre dans le Bon Sens avec Foi. Amen.

Ô Éternel ! Père Éternel, Dieu Bon et Miséricordieux !

Diverses personnalités des temps passés témoignent toujours.

Elles témoignent encore par des œuvres qu'elles ont laissées à ta Gloire.

Et nous, la présente génération, à l'unisson avec nos anciens, te glorifions. Oui, nous te glorifions en visitant et en protégeant les œuvres réalisées par nos anciens. Nous te glorifions en œuvrant avec foi en toi et en ta miséricorde sur nous, pour que les œuvres accomplies par amour et respect pour toi, ô Éternel, témoignent encore et toujours de ta Grandeur et de ton Soutien qui durent à travers les âges, ô Éternel mon Dieu.

Alors, ô Père Éternel, Dieu Bon et Miséricordieux, je t'en supplie !

Qu'il te plaise de saisir quiconque, par des visites, honore les œuvres réalisées par les anciens. Qu'il te plaise de soutenir quiconque, par ses actes, protège les œuvres réalisées par les anciens.

Qu'il te plaise d'éclairer et aider quiconque se tourne vers toi avec respect et foi.

Qu'il te plaise de multiplier les signes de ta grâce sur les êtres qui espèrent en toi, afin que quiconque t'honore, et espère en toi, en soit fier et encouragé, de sorte que quiconque hésite puisse, avec foi, ouvrir sa conscience à tes signes.

Oui Père Éternel, mon Dieu, je souhaite que ta Grâce fertilise et encourage la foi en toi, afin que les actes nés de la foi en toi soient porteurs d'abondants fruits étonnants, dignes récompenses pour quiconque œuvre et espère en toi en vérité, ô Père Éternel, Dieu Bon et Généreux.

« Merci SEIGNEUR, dès maintenant et pour toujours ! » (Ps 113.2)

« Mon âme, bénis l'Éternel, et n'oublie aucun de ses bienfaits ! » (Ps 103.2)

Au nom de Jésus Christ ! Ici, maintenant, et pour toujours, Gloire au Père, Gloire au Fils, Gloire au Saint-Esprit. Honneur et Respect aux Membres des Forces du Bien. Amen. Amen. Amen.

Prière pour Générer des Actes Bénéfiques et Épanouissants

(Pour animer en soi les dons bénéfiques valorisants)

Je Plonge et m'Approvisionne en Dieu l'Éternel. Amen.

Ô Éternel, Père Éternel, Dieu Bon et Bienveillant !

Où que j'aille, quoi que je fasse, je veux rester fidèle à toi.

Je veux puiser en toi, les grâces pour œuvrer à ta Gloire.

Je veux produire les meilleurs fruits, pour honorer ton nom.

Ô toi qui m'aimes et me soutiens avec douceur, par ces mots je te renouvelle ma foi en toi.

Par ces mots, je reconnais ton amour infini pour moi.

Par ces mots, ô Éternel, je plonge et m'approvisionne en toi, afin que ma vie soit comme une douce jolie fleur à tes yeux, et mes actes, à tes oreilles, comme un agréable écho mélodieux, signe de ta grâce sur moi, fruit de ma foi en toi, ô Père Éternel, devant le monde qui accourt vers toi, la foi ravivée, ô Père Éternel.

Raison pour laquelle je te supplie, ô Père Éternel, mon Dieu, mon Créateur, de me garder sous ta précieuse protection, m'inspirer davantage et m'aider à agir et réagir avec succès dans le bon sens, honorant ainsi ton saint nom, et celui de ton Merveilleux Saint Fils, Jésus Christ.

« Merci SEIGNEUR, dès maintenant et pour toujours ! » (Ps 113.2)

« Mon âme, bénis l'Éternel, et n'oublie aucun de ses bienfaits ! » (Ps 103.2)

Au nom de Jésus Christ ! Ici, maintenant, et pour toujours, Gloire au Père, Gloire au Fils, Gloire au Saint-Esprit. Honneur et Respect aux Membres des Forces du Bien. Amen. Amen. Amen.

Prière contre la Peur de ne pas Être à la Hauteur

(Pour vaincre la peur de l'échec face aux apparences)

En Dieu l'Éternel je prends appui, et ma foi devient plus forte que ma peur. Amen.

Éternel, ô Père Éternel, Dieu Bon et Merveilleux !

Je me tourne vers toi, et me confie à toi, ô Éternel !

Vois ma situation, vois ma volonté, et guide-moi, je te prie.

Tu me connais parfaitement, alors, je ne puis rien te cacher.

Tu me vois clairement, alors de toi je ne puis me cacher.

Je n'ai donc qu'à me dévoiler à moi-même, afin que la peur ne démonte pas mon courage, ni n'affecte mon espoir en toi.

Les apparences ne trompent pas mes forces, ni n'affectent ma foi en toi.

Oui, Éternel, ô Éternel, mon Dieu, je me dévoile et je prends appui en toi.

Et désormais, par ta Grâce, ni la peur, ni les apparences ne m'empêcheront de poursuivre dignement mon chemin.

J'agis donc du mieux que je le peux pour réussir, s'agissant du résultat, je m'en remets à toi Père Éternel, Dieu Juste et Bienveillant par qui les obstacles s'abaissent, et le succès intervient.

« Merci SEIGNEUR, dès maintenant et pour toujours ! » (Ps 113.2)

« Mon âme, bénis l'Éternel, et n'oublie aucun de ses bienfaits ! » (Ps 103.2)

Au nom de Jésus Christ ! Ici, maintenant, et pour toujours, Gloire au Père, Gloire au Fils, Gloire au Saint-Esprit. Honneur et Respect aux Membres des Forces du Bien. Amen. Amen. Amen.

MANIFESTE POUR L'ACCÈS À LA RÉALISATION SOUHAITÉE

Le Pouvoir d'Imaginer, ou Celui de Créer, Dieu l'Éternel me l'a aussi Donné.

Que suis-je en train de faire de ma vie ?

Pourquoi continuer à jouer ce rôle qui m'agace ?

Pourquoi continuer à ignorer mon vrai rôle ou repousser mon divin destin ?

Oh mon destin ! Tu es pour moi un soleil ! Pourquoi ne l'ai-je pas compris assez tôt ?

Non ! Cela ne se passera plus comme autrefois, car je connais désormais la vérité !

Ah ! Je n'aurai plus à tourner en rond maintenant que je sais ce que JE veux, en vérité.

Alors, allons, allons accueillir ce que JE veux, en vérité.

Car ce que JE veux en vérité, je le réalise, en vérité, par sa Grâce.

En effet, le pouvoir d'imaginer, ou celui de créer, Dieu l'Éternel me l'a aussi donné.

Alors, je m'active désormais pour des accomplissements paisibles et réjouissants.

Et je supplie le Père Éternel, mon Dieu, de me pardonner pour mes manquements, me garder sous sa merveilleuse protection et m'aider à réaliser mes bons projets avec succès, honorant ainsi son saint nom, et celui de son Merveilleux Saint Fils, Jésus Christ.

« Merci SEIGNEUR, dès maintenant et pour toujours ! » (Ps 113.2)

« Mon âme, bénis l'Éternel, et n'oublie aucun de ses bienfaits ! » (Ps 103.2)

Chant pour Favoriser Déblocage de Situation, et Progrès

À mimer en soi dans la journée, pour transformer les choses en bien

Je guéris, au nom du Père, du Fils et du Saint Esprit.

Je m'en sors harmonieusement, au nom du Père, du Fils et du Saint Esprit.

J'y arrive, et tout s'arrange, au nom du Père, du Fils et du Saint Esprit.

Je réussis ce que j'entreprends, au nom du Père, du Fils et du Saint Esprit.

Je triomphe en douceur, au nom du Père, du Fils et du Saint Esprit.

Alors, je me calme pour mieux me réjouir de mon triomphe.

Oui, je me calme pour mieux apprécier les merveilleuses grâces.

« Merci SEIGNEUR, dès maintenant et pour toujours ! » (Ps 113.2)

« Mon âme, bénis l'Éternel, et n'oublie aucun de ses bienfaits ! » (Ps 103.2)

Au nom de Jésus Christ ! Ici, maintenant, et pour toujours, Gloire au Père, Gloire au Fils, Gloire au Saint-Esprit. Honneur et Respect aux Membres des Forces du Bien. Amen. Amen. Amen.

Prière Contre la Stagnation ou le Blocage de la Situation

(Pour mieux avancer, quels que soient les obstacles)

Ô toi qui, par ta Grâce, fais de moi un être exceptionnel, tant il y a quelque temps, encore, je ne pouvais m'imaginer à ce niveau.

Mais tout doucement, tu as totalement transformé mon être. Tu m'as fait abattre la montagne, progressivement et paisiblement.

Oui, sans même que je m'en rende compte, tu m'as fait marcher sur les eaux, malgré ma crispation et la peur de me retrouver au fond.

Tu as œuvré dans le secret, Père Éternel, mon Dieu, mon Créateur, me soutenant et m'encourageant.

Oui, mon Dieu, Bon et Bienveillant, tu ne m'as jamais abandonné.

Voilà pourquoi je vibre, conscient/e de ton amour pour moi.

Et te prie, ô Père Éternel, mon Dieu, de demeurer avec moi.

Oui, je t'ouvre les portes de mon être, de mon cœur, de mon esprit et de mon âme, pour accueillir ta Grâce, et œuvrer avec persévérance et foi.

Car toi, ô Père Éternel, mon Dieu, mon Créateur, tu me sors merveilleusement de toute impasse pour me voir poursuivre mon chemin. Et tu me soutiens pour des réalisations utiles et surprenantes, qui réjouissent mon cœur et témoignent du pouvoir de la foi en toi.

« Merci SEIGNEUR, dès maintenant et pour toujours ! » (Ps 113.2)

« Mon âme, bénis l'Éternel, et n'oublie aucun de ses bienfaits ! » (Ps 103.2)

Au nom de Jésus Christ ! Ici, maintenant, et pour toujours, Gloire au Père, Gloire au Fils, Gloire au Saint-Esprit. Honneur et Respect aux Membres des Forces du Bien. Amen. Amen. Amen.

Manifeste pour Profiter d'une Situation Stagnante et Préparer un Meilleur Avenir

(Notamment lorsqu'on commence à s'ennuyer à son travail)

Pour moi, quoi que je voie, quoi que j'entende, en ce moment, et même quoi que je ressente en ce moment, en gros, tout est en bonne voie.

Alors, je ne quitte pas mon but des yeux, je m'active pour préparer un meilleur avenir.

Quelques mois ou quelques années de plus encore ici c'est long.

Mais pourtant, pourtant c'est également trop court

pour quiconque veut bien se préparer à se réjouir d'un après meilleur.

Alors, je me tranquillise pour demeurer attentif/ve aux signes de la divine providence.

Et je m'apaise pour diriger des énergies à la préparation d'une suite réjouissante.

En effet, je sème aujourd'hui en l'Esprit et prépare ce que le monde constatera demain.

« Je remercie le SEIGNEUR qui me conseille. Même la nuit, ma conscience me parle ! »

« Mon âme, bénis l'Éternel, et n'oublie aucun de ses bienfaits ! » (Ps 103.2)

Au nom de Jésus Christ ! Ici, maintenant, et pour toujours, Gloire au Père, Gloire au Fils, Gloire au Saint-Esprit. Honneur et Respect aux Membres des Forces du Bien. Amen. Amen. Amen.

Prière de Reconnaissance envers Dieu
pour le dépassement de soi par la foi aux appuis divins

Béni Soit Dieu l'Éternel pour Sa Bonté et Sa Générosité. Amen.

Ô Éternel, pour ton amour envers moi et les miens, mon âme te bénit et te glorifie à jamais !

Ô mon Dieu, pour ta patience envers moi et les miens, mon être te glorifie à jamais !

Ô mon SEIGNEUR, pour ton soutien envers moi et les miens, mon être te glorifie à jamais !

Oui, mon Dieu, mon Créateur, tu es amour, tu es tendresse, tu débordes de miséricorde.

Oui, mon Dieu, mon Créateur, tu es présent, tu me parles, tu me conseilles, tu me soutiens.

Oui, mon Dieu, mon Créateur, c'est toi la véritable Source de toutes mes béatitudes. Et mon être s'en réjouit, tandis que mon âme n'oublie aucun de tes bienfaits, et toujours me pousse à revenir inlassablement me ressourcer en toi.

Alors, je ne peux que te glorifier, te louer !... Éternellement pour ton amour, pour ta patience, pour ton soutien envers moi et les miens.

« Merci SEIGNEUR, dès maintenant et pour toujours ! » (Ps 113.2)

« Mon âme, bénis l'Éternel, et n'oublie aucun de ses bienfaits ! » (Ps 103.2)

Au nom de Jésus Christ ! Ici, maintenant, et pour toujours, Gloire au Père, Gloire au Fils, Gloire au Saint-Esprit. Honneur et Respect aux Membres des Forces du Bien. Amen. Amen. Amen.

Prier pour prendre les Bonnes Décisions, opérer les Bons Choix pour Réussir Merveilleusement

Pour cela, prendre la bonne habitude de vous confier à Dieu, est le moyen direct et simple à votre portée, pour prendre les bonnes décisions, opérer les bons choix et réussir harmonieusement votre vie.

Prière d'Auto Libération d'un Mauvais Choix

(Pour sortir d'une situation défavorable)

Que je retrouve ma route, par la confiance en Dieu l'Éternel. Amen

Éternel, ô Éternel ! Je te rends grâce pour ta patience envers nous, signe de ta miséricorde débordante envers nous.

Tu connais tout mon être, ma personnalité entière et mon parcours sont un livre déjà ouvert pour toi.

Père Éternel mon Dieu ! Je m'aperçois que le choix que j'avais opéré, qui me semblait magnifique, est en réalité un leurre ou alors une nécessité visant à enrichir mes connaissances, puisque j'en tire une leçon constructive.

Père Éternel mon Dieu ! Maintenant que j'ai appris et compris ce que je devais y apprendre, je te prie de m'aider à me libérer, à me dégager de cette situation.

Ainsi je retrouverai ma route et la suivrai avec une foi renforcée en toi.

Alors, cette situation ne m'aura pas détourné de ma mission, ni de mes rôles et objectifs réels.

Amen. J'agis donc du mieux que je le peux pour m'en sortir, s'agissant du résultat, je m'en remets à toi Père Éternel, Dieu Juste et Bienveillant par qui les obstacles s'abaissent, et le succès intervient.

« *Merci SEIGNEUR, dès maintenant et pour toujours !* » (Ps 113.2)

« *Mon âme, bénis l'Éternel, et n'oublie aucun de ses bienfaits !* » (Ps 103.2)

Au nom de Jésus Christ ! Ici, maintenant, et pour toujours, Gloire au Père, Gloire au Fils, Gloire au Saint-Esprit. Honneur et Respect aux Membres des Forces du Bien. Amen. Amen. Amen.

Prière pour se Laisser Saisir et Guider par la Sagesse divine

J'observe Attentivement pour Découvrir la Vérité Libératrice, et Évoluer.

Tu m'as accordé tant de merveilles, ô Éternel, mon Dieu, mon Créateur, et c'est magnifique !

Que puis-je te demander d'autre, ô Éternel, toi la Source de toutes les grâces magnifiques !

Je pourrais dire que je n'ai qu'à me réjouir de tes innombrables trésors qui m'entourent !

Mais, lorsque je veux me tranquilliser pour apprécier le monde des merveilles que tu m'offres, j'ai du mal à y arriver, car c'est comme si toujours, sinon souvent, quelque chose m'en empêchait !

Alors, j'ai observé tout autour, j'ai observé mon monde, pensant que tout cela venait d'ailleurs !

Hélas, ce fut la déroute, car en observant mon monde, j'ai omis de m'observer moi-même ! Ne pensant qu'à changer ce qui me désole, au lieu de chercher à comprendre pour mieux agir !

Puis, tu as divinement saisi ma conscience pour m'éclairer et me guider, en vérité !

Et j'ai compris que mon pouvoir sur moi-même n'était qu'un tourbillon d'impulsions suscitées par ce que je vois, par ce que j'entends et par ce que je ressens dans ce monde.

C'est pourquoi je te prie, ô mon Dieu, mon Créateur, de m'apprendre à avoir le pouvoir sur mes pulsions face à mes choix, face à mes décisions, face à mes réactions et face à toutes mes entreprises.

Moi qui prends grand plaisir à suivre le chemin du bien, à faire ce qui est juste et équitable, moi qui cherche à ne point être à l'origine de quelque souffrance que ce soit pour mes sembles, moi qui cherche à éviter d'être la cause de troubles dans mon environnement ou ailleurs, moi qui cherche à ne point occasionner des lamentations à mes prochains,

Je t'en supplie ! Je t'en supplie ! Apprends-moi à contrôler mon ego pour me permettre d'agir et réagir avec succès dans le bon sens.

Car c'est toi, ô Père Éternel, mon Dieu, mon Créateur, qui peux véritablement m'aider à agir et réagir avec mesure et efficacité, dans le bon sens.

« Merci SEIGNEUR, dès maintenant et pour toujours ! » (Ps 113.2)

« Mon âme, bénis l'Éternel, et n'oublie aucun de ses bienfaits ! » (Ps 103.2)

Au nom de Jésus Christ ! Ici, maintenant, et pour toujours, Gloire au Père, Gloire au Fils, Gloire au Saint-Esprit. Honneur et Respect aux Membres des Forces du Bien. Amen. Amen. Amen.

Prière pour Favoriser les Bonnes Décisions, les Bons Choix et Neutraliser l'Impatience

Père Éternel, mon Dieu, mon Créateur !

Je te rends grâce et te supplie de prêter l'oreille à ma prière.

Toi qui sais tout, je reviens vers toi prendre appui et recevoir ton soutien pour le projet que j'entreprends, et l'orientation que je vise, je sollicite tes inspirations.

En effet, mon souhait est désormais d'agir et de réagir au mieux, tout en respectant les règles fondamentales de l'harmonie, qui favorisent le bien-être et l'évolution constructive.

Père Éternel, mon Dieu, mon Créateur ! Je constate que malgré mes efforts, je ne suis pas encore à l'abri de certaines erreurs.

Aussi, je me confie à toi, et te prie, ô Père Éternel, mon Dieu, mon Créateur, de me donner la sagesse, m'inspirer et me guider dans mes choix décisifs, afin qu'avant d'agir ou réagir, ma conscience ne cède pas à la pression qui me pousse à œuvrer contre mes intérêts, augmente le nombre de mes fautes et de mes incompréhensions, pour finir par me dérouter de la voie que je dois suivre.

Soutiens-moi lorsque cela en vaut la peine, ou alors éclaire ma voie et conseille-moi distinctement en réveillant ma conscience, afin que je ne m'égare ni de mes objectifs ni de mes missions, ni de toi.

Réplique :

Avant d'agir, calme-toi, avant de réagir, calme-toi, avant de parler, calme-toi, apprends à t'apaiser.

Apprends à te calmer, apprends à te détendre, et tu canaliseras mieux tes énergies, tu comprendras mieux, tu verras mieux.

Surtout, souviens-toi de ceci : la patience est ton alliée, la précipitation est ton adversaire, puisqu'elle conduit très souvent à l'erreur. Elle fragilise, provoque la peur et la panique.

Ainsi, le fait de vouloir tout régler immédiatement, le fait de vouloir tout avoir le plus rapidement, brouille la conscience, fausse les appréciations, conduit à la déroute et à la déception.

Alors, avant d'agir, calme-toi, apaise-toi, tant qu'il n'y a pas de réelle urgence, prends ton temps.

Le temps est ton allié, ne l'écourte pas vainement, et tu verras que ce qui t'échappe aujourd'hui, ce que tu ignores aujourd'hui, ce qui te semble impossible, tu pourras mieux le cerner demain.

La nuit porte conseil, le temps apporte de bonnes réponses ainsi que le savoir et la maîtrise.

Alors, ne te fixe pas de limites inutiles et tu franchiras l'infranchissable, en dépassant le visible.

*****

Amen, ce sont de pures vérités, de simples vérités qui libèrent, rendent fort et sage.

En effet, quand je m'apaise et me calme en vérité, j'entends mieux la voix de la sagesse,

voix éternellement bonne conseillère, guide infaillible en tout temps et en toute circonstance.

Alors, Père Éternel, mon Dieu ! Je t'en supplie ! Donne-moi la force d'écouter de plus en plus la voix de ta sagesse non plus mes pulsions égocentriques qui me poussent à agir uniquement en fonction de ce que je ressens, alors que tout ne se limite pas à ce que je ressens.

Maintenant, je m'apaise et me détends pour me détacher de ce qui m'accapare, afin de mieux écouter la voix de ta Sagesse, dans le calme intérieur, et la patience.

Car je sais, Père Éternel, mon Dieu, mon Créateur, que tu es toujours tout près, me conseillant et me préservant.

« Oui, tous les jours de ma vie, ton amour m'accompagne » (Ps 23.6)

« Merci SEIGNEUR, dès maintenant et pour toujours ! » (Ps 113.2)

« Mon âme, bénis l'Éternel, et n'oublie aucun de ses bienfaits ! » (Ps 103.2)

Au nom de Jésus Christ ! Ici, maintenant, et pour toujours, Gloire au Père, Gloire au Fils, Gloire au Saint-Esprit. Honneur et Respect aux Membres des Forces du Bien. Amen. Amen. Amen.

Prière de l'Être dans la Grâce pour les Bonnes Décisions et Bons Choix

L'Énergie Divine Bonifie, Tonifie, Vivifie, Régénère Mon Être. Amen.

Ô Père Éternel ! Tu as généreusement meublé ma vie.

Du matin au soir, je vis dans l'opulence de tes grâces magnifiques !

C'est merveilleux ! Et je t'en remercie, éternellement, infiniment !

Et j'ose te supplier, ô toi la Source de mes somptueuses grâces, de m'éclairer davantage face aux décisions et choix que j'ai à opérer.

Oui, Père Éternel, mon Dieu, mon Créateur, je t'en supplie ! Aide-moi à prendre les bonnes décisions, et opérer les bons choix.

Toi qui sais si bien conseiller, guider quiconque s'en remet à toi, je t'en supplie ! Je t'en supplie ! Aide-moi à prendre les bonnes décisions, et à opérer les bons choix.

Montre-moi une autre facette de tes merveilles pour que je m'en émerveille encore ! Surtout, surtout, montre-moi cette facette de toi qui fait rayonner l'être tout entier : de la tête aux pieds, du cœur à l'être, de l'être à l'âme !

Et moi, par ta grâce, je pourrai te manifester ma reconnaissance, au-delà de l'apparat, de la tête aux pieds, du cœur à l'être, de l'être à l'âme, honorant ainsi ton saint nom, et celui de ton Merveilleux Saint Fils, Jésus Christ.

« Merci SEIGNEUR, dès maintenant et pour toujours ! » (Ps 113.2)

« Mon âme, bénis l'Éternel, et n'oublie aucun de ses bienfaits ! » (Ps 103.2)

Au nom de Jésus Christ ! Ici, maintenant, et pour toujours, Gloire au Père, Gloire au Fils, Gloire au Saint-Esprit. Honneur et Respect aux Membres des Forces du Bien. Amen. Amen. Amen.

Prière pour Privilégier le Bon Choix

Que pourrais-je Choisir de Mieux ?

Père Éternel, mon Dieu, mon Créateur !

Ainsi tu nous laisses librement le choix de nos orientations !

Que pourrais-je donc choisir de mieux que de revenir vers toi, la Source intarissable,

Recevoir ta Sagesse infinie pour m'orienter vers un choix qui est le tien, et favorable à mon évolution et à l'épanouissement de mon entourage.

Père Éternel, Dieu Tout-Puissant ! Toi qui connais le passé, le présent et le futur,

Toi qui connais les différents chemins et leurs parcours,

Pour que ta volonté, à travers moi aussi, s'accomplisse,

Je te prie qu'en tout temps, en tout lieu et en toute circonstance, la voix de ta Sagesse retentisse jusqu'à ma conscience, établissant alors, et de façon perceptible, mon lien avec toi et en toi, la Source éternelle, afin que mes pensées, mes paroles et mes actes soient davantage inspirés par ta Sagesse. Ainsi, chacun de mes choix sera orienté par ta Volonté qui est Paix, Perfection et Sainteté.

J'agis et demeure donc en paix, car mon libre choix est que mon inspiration me vienne de toi, ô Père Tout- Puissant et que tu me guides vers le Meilleur Choix. Pour cela, je reste attentif/ve à tes suggestions.

« SEIGNEUR, fais-moi connaître le chemin à suivre, apprends-moi à vivre comme tu veux » (Ps 25.4)

« Merci SEIGNEUR, dès maintenant et pour toujours ! » (Ps 113.2)

Prière pour Favoriser les Bonnes Inspirations et l'Utilisation Optimale des Dons en Soi

Je suis un être Spirituel Actif et Évolutif. Amen.

Je suis un être Spirituel actif, et je repose ma confiance sur toi

Sagesse divine universelle. Toi qui me permets de mieux diriger ma vie par une meilleure orientation de mes inspirations, je te prie de me donner l'intelligence d'orienter divinement mes pensées, mes paroles et mes actes, pour un bon usage optimal des dons que tu m'as accordés et pour une meilleure élévation de mon être, de mon esprit et de mon âme à ton image.

Car c'est toi, ô Père Éternel, débordant de sagesse, ma véritable Source.

Le Dieu Tout-Puissant me comble en tout domaine au-delà de mon imagination et de mes attentes.

« Merci SEIGNEUR, dès maintenant et pour toujours ! » (Ps 113.2)

« Mon âme, bénis l'Éternel, et n'oublie aucun de ses bienfaits ! » (Ps 103.2)

Au nom de Jésus Christ ! Ici, maintenant, et pour toujours, Gloire au Père, Gloire au Fils, Gloire au Saint-Esprit. Honneur et Respect aux Membres des Forces du Bien. Amen. Amen. Amen.

Prière pour une Bonne Utilisation des Dons Reçus

Je Veux Utiliser Mes Pouvoirs et Mes Dons Avec Sagesse. Amen.

Père Très Saint ! Tu m'as donné plein de pouvoirs, que je voudrais savoir utiliser efficacement et dignement. En effet :

Tu m'as donné le pouvoir de voir. Je t'en supplie ! Donne-moi celui de regarder sagement et je regarderai avec les yeux de sage.

Tu m'as donné le pouvoir d'écouter. Je t'en supplie ! Donne-moi celui d'entendre sagement et j'entendrai avec un cœur de sage.

Tu m'as donné le pouvoir d'apprendre. Je t'en supplie ! Donne-moi celui de comprendre sagement et je deviendrai sage.

Tu m'as donné le pouvoir de penser. Je t'en supplie ! Donne-moi celui de penser sagement et mes pensées seront raffinées.

Tu m'as donné le pouvoir d'agir, de réagir. Je t'en supplie ! Donne-moi celui d'agir, réagir sagement et je deviendrai grand.

Ainsi, tu feras de moi un être meilleur, aux pouvoirs utilisés à bon escient pour moi, pour mon entourage et pour ta Gloire.

Oui, je souhaite utiliser mes pouvoirs et mes dons avec contrôle et sagesse.

Oui, face à mes pensées, face à mes actions et réactions, face à mes paroles, face à mes visions,

je souhaite avoir le contrôle pour agir efficacement, dans le bon sens.

*****

Alors, rappelle-toi ceci :

Tout est possible à celui qui croit, tout est possible à celui qui veut, réellement.

Apprends alors ceci et garde-le en mémoire : en toute chose, calme-toi avant et après.

En toute chose, contrôle ta respiration avant et après. En toute chose, détends-toi. Garde silence, détends-toi en toute chose et tu recevras la paix, puis l'inspiration divine.

Régulièrement, apaise-toi, relaxe-toi, et médite sur les nécessités salutaires des 10 Commandements.

La méditation est source de forces, d'énergies apaisantes et de compréhension.

Donne-toi du temps pour méditer et, progressivement, ramène toujours tes pensées à la Source.

Par le biais de la méditation, tu purifies tes pensées, tu apaises tes émotions, tu apprends à voir, entendre, agir et réagir sagement.

Tu peux ainsi accéder à la maîtrise de tes émotions, et éviter les réactions incontrôlées, source de dérèglement et déceptions.

Par le calme, la relaxation, la persévérance et la patience, tu maîtrises tes pouvoirs pour un bon usage.

Et tu fais face à toute épreuve avec aisance, tu transformes ta vie en ce qu'il y a de mieux pour toi.

Alors, alors, calme-toi, apaise-toi, concentre-toi sur les vérités divines, elles délivrent et renforcent.

Surtout, reste connecté par le biais de la prière et de la méditation, source de transformation et de plénitude.

« Je remercie le Seigneur qui me conseille. Même la nuit, ma conscience me parle ! » (Ps 16.7) *« Mon âme, bénis l'Éternel, et n'oublie aucun de ses bienfaits ! »*

Au nom de Jésus Christ ! Ici, maintenant, et pour toujours, Gloire au Père, Gloire au Fils, Gloire au Saint-Esprit. Honneur et Respect aux Membres des Forces du Bien. Amen. Amen. Amen.

Manifeste pour Favoriser l'Accès à la Sagesse

(Quiconque possède la sagesse, est riche en tout)

Des signes par milliers et des inspirations divines en abondance. Amen.

J'aime méditer, écouter le moi profond, communiquer avec Dieu, pour ressentir sa paix, me laisser pénétrer et guider par sa Sagesse.

Ainsi les messages, des signes par milliers et des inspirations divines me parviennent régulièrement, puisque je maintiens le contact, améliorant ainsi mes performances pour une vie noble et évolutive.

Je ne suis pas seul ! Je ne suis pas seul ! J'ai un allié puissant !

C'est le moi profond, baigné par la Sagesse universelle.

Elle me révèle l'intelligence, active mes connaissances.

Elle m'ouvre les portes du Savoir suprême infini, pour prévoir et anticiper de mieux en mieux.

Je m'améliore constamment avec aisance.

Mon niveau de connaissance est en perpétuelle évolution, me permettant de comprendre et d'agir mieux qu'autrefois.

Ma vie prend une nouvelle orientation, et une bonne position sociale s'ouvre à moi.

Je souhaite qu'elle soit harmonieuse, sainte et prospère.

C'est Formidable ! C'est Merveilleux la Sagesse !

« Merci SEIGNEUR, dès maintenant et pour toujours ! » (Ps 113.2)

Amen, je demeure en paix car toi, ô Père Éternel miséricordieux, tu es mon allié depuis toujours.

« Merci SEIGNEUR, dès maintenant et pour toujours ! » (Ps 113.2)

Au nom de Jésus Christ ! Ici, maintenant, et pour toujours, Gloire au Père, Gloire au Fils, Gloire au Saint-Esprit. Honneur et Respect aux Membres des Forces du Bien. Amen. Amen. Amen.

Prière à Dieu l'Éternel pour Solliciter la Sagesse et les Moyens

La Sagesse Pour Mieux Agir, les Moyens Pour Tout Accomplir. Amen.

Père Éternel, Dieu Bon et Généreux !

Je te remercie et je te rends infiniment grâce notamment pour ton soutien au cours de cette phase, et aussi pour ton soutien depuis le commencement.

Tu es mon Dieu, le Très-Haut, tu es Bon et Généreux, tu es Merveilleux. Ô toi mon Dieu, mon divin Soutien, « *tu me connais parfaitement.* » Tu me soutiens, me combles harmonieusement, pour m'élever au meilleur niveau.

Oui, Père Éternel, mon Dieu, c'est toi qui m'élève au meilleur niveau.

C'est toi la Merveille, parmi toutes les merveilles de l'univers, c'est toi.

En cette période particulière de mon avancement, je me tourne vers toi, et te prie, ô Éternel, Bon et Généreux, de me donner la sagesse pour mieux agir, les moyens pour tout accomplir dans le bon sens avec succès, honorant ainsi ton saint nom, et celui de ton merveilleux Saint Fils, Jésus Christ.

Dans ce sens, j'agis du mieux que je le peux pour réussir, s'agissant du déroulement et du résultat, je m'en remets à toi Père Éternel, Dieu Juste et Bienveillant par qui les obstacles s'abaissent, et le succès intervient.

« Merci SEIGNEUR, dès maintenant et pour toujours ! » (Ps 113.2)

« Mon âme, bénis l'Éternel, et n'oublie aucun de ses bienfaits ! » (Ps 103.2)

Au nom de Jésus Christ ! Ici, maintenant, et pour toujours, Gloire au Père, Gloire au Fils, Gloire au Saint-Esprit. Honneur et Respect aux Membres des Forces du Bien. Amen. Amen. Amen.

Manifeste pour s'Élever avec Assurance

Heureux celui qui Croit. Amen.

Heureux celui qui croit, car il est éclairé en toute circonstance.

Dieu est mon écran, mon bouclier, ma forteresse et ma puissance.

Tout au long de mon chemin, il me conseille et me guide dans la Paix, l'Harmonie, la Prospérité et la Sainteté.

Le Tout-Puissant, le Très-Haut, est Dieu.

Il est au-dessus de toutes les forces ! Nul pouvoir ne peut valablement le défier.

Sa Puissance infinie opère sereinement, en tout lieu.

Par la voie de ma conscience, ma foi et mes bons actes,

Je me relie volontiers à elle et les miracles s'accomplissent.

Rien, ni personne n'empêchera l'évolution et la perfection que je vise, et pour lesquelles je suis présent dans cette dimension.

Je reste à l'écoute de la Source d'où me vient la lumière qui m'éclaire paisiblement pour tout ce que j'entreprends dans le bon sens.

Je rappelle que je suis un être Spirituel doté de Force, de Puissance et de Pouvoirs divins actifs, par lesquels j'œuvre dans cette dimension avec succès, car étant un être Spirituel paisible, je poursuis mon chemin de perfectionnement et d'élévation vers un meilleur niveau conscience, pour laquelle je mobilise l'énergie divine et active les dons divins en moi, afin de les mettre en service pour un bon usage, avec l'assistance de mon Être supérieur, Être de lumière plein de sagesse, d'intelligence et de pouvoirs étendus, il me soutient tout au long de mon parcours et me permet d'œuvrer efficacement.

Je me redresse donc et je m'exprime avec élégance, aisance et foi car de toi, Source intarissable, me vient le savoir qui me fait rayonner de mille splendeurs, tant que je demeure à ton écoute et que je mets en pratique tes divines inspirations.

« Tes actions me réjouissent SEIGNEUR ! Je cris de joie le travail de tes mains » (Ps 92.5)

« Merci SEIGNEUR, dès maintenant et pour toujours ! » (Ps 113.2)

« Mon âme, bénis l'Éternel, et n'oublie aucun de ses bienfaits ! » (Ps 103.2)

Au nom de Jésus Christ ! Ici, maintenant, et pour toujours, Gloire au Père, Gloire au Fils, Gloire au Saint-Esprit. Honneur et Respect aux Membres des Forces du Bien. Amen. Amen. Amen.

Prière pour la Communication, l'Intelligence de la Parole et de l'Écrit

Je Souhaite une Existence Divinement Réussie. Amen.

Ô toi qui sais tout ! Toi qui peux tout ! Et qui me vois déjà là où j'ai à me rendre !

Toi qui as mis à la disposition de chacun et de chacune de nous le nécessaire et même le surplus, pour l'épanouissement avec dignité et l'élévation au meilleur niveau de conscience !

Je t'en supplie ! Prends-moi la main, je te la tends avec foi, et accompagne-moi paisiblement à la publication et à la grande diffusion de ta Sagesse et de tes Vérités, dans un langage libérant, captivant, éclairant apaisant, rassurant, motivant et dynamisant.

Je t'en supplie ! Fertilise ma foi en toi de façon à motiver mes semblables à venir ou revenir massivement à toi, sur le chemin de la perfection née de la foi en toi. Ainsi ta Volonté sera faite.

Car en tout temps, Père Éternel, mon Dieu, tes créatures ont besoin de motivations, à ce stade ne percevant que la matière, elles suivent facilement ceux et celles qu'elles voient et entendent.

Je t'en supplie ! Aide-moi à exprimer au mieux ta grâce qui m'anime. Ainsi j'honorerai ma présence dans ce monde en tenant efficacement mes différents rôles et accomplissant ma mission avec succès.

Je demeure donc perméable à tes conseils, à tes inspirations, à ton soutien et à tes messages. Je tâcherai de les mettre en pratique avec persévérance et foi, afin d'honorer la confiance que tu m'accordes.

« Mon cœur médite les choses intelligentes, ma bouche va dire les paroles de sagesse » (Ps 49.4) *« Merci SEIGNEUR, dès maintenant et pour toujours ! »*

Au nom de Jésus Christ ! Ici, maintenant, et pour toujours, Gloire au Père, Gloire au Fils, Gloire au Saint-Esprit. Honneur et Respect aux Membres des Forces du Bien. Amen. Amen. Amen.

Prière pour la Contemplation et la Jouissance des Merveilles

Il est Agréable de se Balader sur les Belles Voies Divines. Amen.

Ô Père Éternel, mon Dieu ! Qu'il fait doux dans tes quartiers !

Qu'il fait meilleur dans tes beaux appartements !

Ô Père Éternel ! Qu'il fait bon dans ton divin royaume !

Où il est agréable de se balader sur tes belles voies !

Et je constate que chaque pas fait vers toi procure d'immenses trésors, manifestés par la foi et ses bienfaits !

Alors, j'imagine, en arrivant à ton royaume, qu'est-ce que cela peut-il être ! Des richesses, à tous les coins, certainement, pour quiconque a faim et/ou soif !

Alors, j'invite volontiers quiconque, de mes semblables, à venir s'en rendre compte !

C'est pourquoi, je te prie d'illuminer davantage ta création, et d'appeler davantage au festin de ton amour, en ravivant fortement la foi en toi à travers de réjouissantes nouvelles et bons accomplissements, afin que ce monde que tu créas, te réjouisse de mieux en mieux le cœur à travers les âges, de génération en génération.

Dans ce sens, ô Père Éternel, mon Dieu, je te supplie de m'aider à réaliser mes bons projets avec succès, dans le sens qui honore ton saint nom, et celui de ton Merveilleux Saint Fils, Jésus Christ.

« Merci SEIGNEUR, dès maintenant et pour toujours ! » (Ps 113.2)

« Mon âme, bénis l'Éternel, et n'oublie aucun de ses bienfaits ! » (Ps 103.2)

Au nom de Jésus Christ ! Ici, maintenant, et pour toujours, Gloire au Père, Gloire au Fils, Gloire au Saint-Esprit. Honneur et Respect aux Membres des Forces du Bien. Amen. Amen. Amen.

Prière pour Alimenter l'Amour de Dieu l'Éternel et ses Avantages

Je Suis en Admiration devant Dieu l'Éternel. Amen.

Tu as touché mon cœur et mon être, ô Éternel mon Dieu !

Tu as touché mon esprit et mon âme, ô Éternel mon Dieu !

Oui, Père Éternel, mon Dieu, tu m'as saisi par ton amour pur, débordant de bonté.

Alors, je suis, ô Éternel, mon Dieu, mon Créateur, en admiration devant tant d'amour, de merveilles et de générosité.

Et je ne puis cesser de revenir, encore et encore, vers toi, te manifester ma reconnaissance pour tant de grâces.

Ô toi qui me combles, depuis le commencement, de merveilles qui garnissent ma conscience, ô Éternel, touché par ta grâce, je suis en admiration devant tant de bonté de ta part, pour moi.

C'est pourquoi je te supplie, ô Père Éternel, Dieu Bon et Bienveillant, d'illuminer davantage ta création, et d'appeler davantage au festin de ton amour, en ravivant fortement la foi en toi à travers de réjouissantes nouvelles et bons accomplissements.

Afin que ce monde que tu créas, te réjouisse de mieux en mieux le cœur à travers les âges, de génération en génération.

« Merci SEIGNEUR, dès maintenant et pour toujours ! » (Ps 113.2)

« Mon âme, bénis l'Éternel, et n'oublie aucun de ses bienfaits ! » (Ps 103.2)

Au nom de Jésus Christ ! Ici, maintenant, et pour toujours, Gloire au Père, Gloire au Fils, Gloire au Saint-Esprit. Honneur et Respect aux Membres des Forces du Bien. Amen. Amen. Amen.

Manifeste en Période de Transition

Arrive les Temps Merveilleux de Mon Histoire. Amen. (Bis)

Mon cœur soit en paix, l'espoir m'anime, car je sens venir le moment que j'attendais.

Je vois s'approcher les temps merveilleux, de l'accomplissement prodigieux de mon histoire.

Tout m'invite à ce merveilleux rendez-vous !

Et tout m'invite à me préparer, à m'apprêter !

Tandis que, depuis des lunes, je suis prêt/e.

Tout va donc pour le mieux, puisque tout s'accorde désormais pour concourir à mon succès et à mon élévation.

Raison pour laquelle je prie et supplie Dieu le SEIGNEUR, de me garder sous sa précieuse protection, m'inspirer davantage et m'aider à agir et réagir avec succès dans le bon sens, honorant ainsi son saint nom, et celui de son Merveilleux Saint Fils, Jésus Christ.

« Merci SEIGNEUR, dès maintenant et pour toujours ! » (Ps 113.2)

« Mon âme, bénis l'Éternel, et n'oublie aucun de ses bienfaits ! » (Ps 103.2)

Au nom de Jésus Christ ! Ici, maintenant, et pour toujours, Gloire au Père, Gloire au Fils, Gloire au Saint-Esprit. Honneur et Respect aux Membres des Forces du Bien. Amen. Amen. Amen.

Prière pour Retrouver l'Harmonie et Prendre une Voie Épanouissante

(Après les écarts d'attitudes, ou tout acte conduisant à la régression)

Les effets bénéfiques de la Grâce divin. Amen.

Père Éternel, mon Dieu, mon Créateur !

Je reconnais que le chemin que j'avais emprunté n'est pas celui que je vise, ni le tien, tant je ne reconnais plus mes pensées, ni mes paroles, ni mes actes.

Je les désapprouve, parce qu'ils ne sont pas conformes à ce que je dois viser.

J'accours donc vers toi, Père Éternel, mon Dieu ! Toi qui m'ouvres les yeux, et la meilleure voie, chemin de lumière, chemin de compréhension, chemin d'élévation continuelle, chemin favorable à mon être divin, qui retrouve ses pouvoirs et entre pleinement en action, pour des réalisations merveilleuses, des œuvres étonnantes, par ta Grâce.

J'agis donc et réagis du mieux que je le peux. Pour le déroulement et le résultat, je m'en remets à Dieu Tout-Puissant par qui les obstacles disparaissent et la vie se poursuit harmonieusement dans le bon sens, avec succès.

« Tes actions me réjouissent SEIGNEUR, je cris de joie le travail de tes mains » (Ps 92.5)

« Mon âme, bénis l'Éternel, et n'oublie aucun de ses bienfaits ! » (Ps 103.2)

Au nom de Jésus Christ ! Ici, maintenant, et pour toujours, Gloire au Père, Gloire au Fils, Gloire au Saint-Esprit. Honneur et Respect aux Membres des Forces du Bien. Amen. Amen. Amen.

Prière de Relaxation et de Création d'un Parcours Épanouissant

Des Provisions pour la Route, des Bienfaits pour mon Confort. Amen.

Je me relaxe et me ressource en toi, et tu m'apaises !

Je me relaxe et me ressource en toi, et tu me calmes !

Je me relaxe et me ressource en toi, et tu me racontes des merveilles !

Je me relaxe et me ressource en toi, et tu me donnes un beau coin paradisiaque !

Oui, Père Éternel ! Je me relaxe et me ressource en toi, et un nouveau monde s'ouvre à moi !

Oui, Père Éternel, mon Dieu, mon Créateur ! En toi je vis des instants merveilleux incomparables !

Qu'ai-je donc à tourner en rond au lieu de me ressourcer en toi, puiser des bienfaits ! Étancher ma soif, et régaler mon être vivant de tes innombrables bienfaits !

Alors, ô Père Éternel, mon Dieu, mon Créateur, ta porte m'étant ouverte, me voici !

Je reviens puiser dans ta Grâce, des provisions pour la route, des bienfaits pour mon confort.

Ô toi la Source de toutes les grâces magnifiques ! Mon être est en admiration devant tant de bienfaits !

Raison pour laquelle je te prie en te suppliant ô Père Éternel, mon Dieu, mon Créateur, de m'aider à prendre les bonnes décisions, à opérer les choix me permettant de mener une vie belle et sainte, honorant ainsi ton saint nom, et celui de ton Merveilleux Fils, Jésus Christ.

« Merci SEIGNEUR, dès maintenant et pour toujours ! » (Ps 113.2)

« Mon âme, bénis l'Éternel, et n'oublie aucun de ses bienfaits ! » (Ps 103.2)

Prière pour Activer un Don Exceptionnel

(Pour sortir de l'ordinaire et accomplir l'extraordinaire en soi)

Je Porte en Moi le Génome des Êtres Exceptionnels. Amen. (Bis)

Ô Père Éternel ! Mon Dieu, mon Créateur !

Mon cœur est en paix, mon être trésaille d'espoir.

Car d'innombrables messages me confirment mon avancement.

Ils sont pour moi les messagers qui me maintiennent éveillé.

Alors, ô Éternel, mon Dieu, l'espoir m'anime et je m'apprête pour bien accueillir ce que d'ores et déjà tu m'as préparé, avec amour.

Oui, sous mon apparence tranquille, se cache un être au destin merveilleux qu'en ton sein, tu as formé et envoyé dans ce monde pour agir et réagir dans le bon sens.

Oui, je porte le génome des êtres préparés pour conduire l'espèce au meilleur niveau de conscience.

Ô mon Dieu ! Quel honneur ! De me voir intégrer le rang d'élus conducteurs !

Alors, je te confirme mon acceptation et j'agis avec persévérance pour te rendre grâce.

Raison pour laquelle je prie et te supplie de me garder sous ta précieuse protection, m'inspirer davantage et m'aider à agir et réagir avec succès dans le bon sens, honorant ainsi ton saint nom, et celui de ton Merveilleux Saint Fils, Jésus Christ.

« Merci SEIGNEUR, dès maintenant et pour toujours ! » (Ps 113.2)

« Mon âme, bénis l'Éternel, et n'oublie aucun de ses bienfaits ! » (Ps 103.2)

Au nom de Jésus Christ ! Ici, maintenant, et pour toujours, Gloire au Père, Gloire au Fils, Gloire au Saint-Esprit. Honneur et Respect aux Membres des Forces du Bien. Amen. Amen. Amen.

PRIÈRE DE PRISE DE CONSCIENCE ET D'ACCEPTATION D'UNE VIE D'ABONDANCE

Dieu l'Éternel a mis d'Immenses Richesses sur mon Chemin. Amen.

Il a mis à mes pieds d'immenses richesses !

Pourtant je continuais à jouer les insatisfaits !

Il a soufflé en moi son Esprit de sagesse !

Pourtant je continuais à jouer les ignorants !

Il a manifesté pour moi son amour infini !

Pourtant je continuais à jouer les malheureux !

Oui, Père Éternel, je le reconnais ! Tu me combles de diverses grâces !

J'ai l'honneur de disposer de tout cela grâce à ta bonté pour moi.

Oui, Éternel, mon Dieu, mon Créateur ! Tu as tout prévu pour moi !

Et c'est la vérité, tant il abonde sur mon chemin d'immenses richesses !

J'ai déjà découvert certaines, et j'en découvrirai au fur et à mesure.

Alors désormais, point de caprices, je souhaite m'en réjouir pleinement pour manifester à tous ces bienfaits leur noble divine dimension.

Oui, Père Éternel, mon Dieu, mon Créateur, ma reconnaissance t'est acquise pour tant de générosités envers moi.

Raison pour laquelle je te supplie de m'accorder la sagesse de prendre les bonnes décisions, opérer les bons choix, agir et réagir avec succès dans le sens dont tu peux être fier, me permettant ainsi d'honorer ton saint nom, et celui de ton Merveilleux Saint Fils, Jésus Christ.

« Merci SEIGNEUR, dès maintenant et pour toujours ! » (Ps 113.2)

« Mon âme, bénis l'Éternel, et n'oublie aucun de ses bienfaits ! » (Ps 103.2)

Au nom de Jésus Christ ! Ici, maintenant, et pour toujours, Gloire au Père, Gloire au Fils, Gloire au Saint-Esprit. Honneur et Respect aux Membres des Forces du Bien. Amen. Amen. Amen.

Prière pour Affirmer son Acceptation de Gravir les Échelons

Telle une Locomotive, Mon Être M'entraîne au Sommet. Amen.

Éternel, ô Père Éternel, mon Dieu, mon Créateur !

Je mentirais si je disais que je n'entends pas tous ces appels !

Je mentirais si je disais que je ne reçois pas tous ces signes !

Et encore, je mentirais si j'affirmais n'avoir pas envie d'y être déjà !

Car tout mon être y est déjà et, telle une locomotive, m'y entraîne déjà !

De toute façon, ô Éternel, mon Dieu, tu connais la vérité et je n'ai point besoin de la camoufler.

Alors, ô Père Éternel, mon Dieu, mon Créateur, je m'active, et je suis ma voie jusqu'au sommet. Car le moment arrive, en douceur, où je me présente au sommet.

Raison pour laquelle je prie et te supplie de me garder sous ta précieuse protection, m'inspirer davantage et m'aider à agir et réagir avec succès dans le bon sens, honorant ainsi ton saint nom, et celui de ton Merveilleux Saint Fils, Jésus Christ.

« Merci SEIGNEUR, dès maintenant et pour toujours ! » (Ps 113.2)

« Mon âme, bénis l'Éternel, et n'oublie aucun de ses bienfaits ! » (Ps 103.2)

Au nom de Jésus Christ ! Ici, maintenant, et pour toujours, Gloire au Père, Gloire au Fils, Gloire au Saint-Esprit. Honneur et Respect aux Membres des Forces du Bien. Amen. Amen. Amen.

Prière pour Ressortir sa Divine Personnalité et Réaliser un Bon Projet

Que Se Dévoile au Monde Ma Face Sublime. Amen.

Parfois, le visage que je veux te montrer n'est pas celui qui s'affiche !

Parfois, mes réactions ne sont pas celles qui animent mes souhaits !

Parfois, je ne suis que l'ombre de l'être que je suis, en vérité !

C'est pourquoi je te prie et te supplie, ô Père Éternel, mon Dieu, de m'accorder le pouvoir de montrer au monde ma face sublime !

Je t'en supplie ! Donne-moi le pouvoir de montrer au monde le personnage que tu souhaites de moi !

Car je sais et je ressens que le personnage merveilleux en moi, n'est qu'à un pas de celui qui s'affiche pour l'instant en public.

Et qu'il suffit de peu, pour qu'en public se dévoile ma face sublime.

Je sais que j'ai à monter les marches pour ôter le masque, et présenter ma face sublime.

Raison pour laquelle je prie et te supplie de m'aider à tenir bon mes bonnes résolutions, en m'accordant moyens et pouvoir d'agir et réagir avec succès dans le bon sens, honorant ainsi ton saint nom, et celui de ton Merveilleux Saint Fils, Jésus Christ.

« Merci SEIGNEUR, dès maintenant et pour toujours ! » (Ps 113.2)

Au nom de Jésus Christ ! Ici, maintenant, et pour toujours, Gloire au Père, Gloire au Fils, Gloire au Saint-Esprit. Honneur et Respect aux Membres des Forces du Bien. Amen. Amen. Amen.

Prière pour Favoriser la Réalisation des Projets et le Bon Déroulement de la Vie

Je Suis un Écran de Dieu, Je Souhaite Refléter le Bonheur et le Succès. Amen.

Ô Père Éternel ! Mon Dieu, mon Créateur !

Je sais maintenant que je suis un de tes divins écrans.

Et je suis connecté/e à ta Source divine, ô Esprit Tout-Puissant !

Mon honorable et principal rôle étant de refléter le programme divin, qui est l'élévation et la progression constante de mon être divin, outre le bonheur de l'accomplissement par la réalisation des projets épanouissants,

Je souhaite demeurer actif/ve, ô Père Éternel. Maintenant que je suis connecté, des messages ainsi que des instructions me parviennent pour mener à bien mes projets et assurer le bon déroulement de ma vie, accomplissant ainsi mon divin destin au-delà de ce que j'avais imaginé.

Amen ! Je m'active, j'œuvre pour m'élever au meilleur niveau de conscience, et me réjouir d'innombrables satisfactions de l'être actif.

Raison pour laquelle je prie et te supplie ô SEIGNEUR Dieu Tout-Puissant, mon Dieu, de me garder sous sa précieuse protection, m'inspirer davantage et m'aider à agir et réagir avec succès dans le bon sens, honorant ainsi ton saint nom, et celui de ton Merveilleux Saint Fils, Jésus Christ.

« Merci SEIGNEUR, dès maintenant et pour toujours ! » (Ps 113.2)

Au nom de Jésus Christ ! Ici, maintenant, et pour toujours, Gloire au Père, Gloire au Fils, Gloire au Saint-Esprit. Honneur et Respect aux Membres des Forces du Bien. Amen. Amen. Amen.

Manifeste pour Favoriser un Meilleur Avancement

Tous les Indicateurs Démontrent Mon Avancement. Ainsi soit-il.

Par la Grâce de Dieu, j'avance paisiblement, sûrement.

Je poursuis graduellement mon divin parcours.

Tous les indicateurs démontrent mon avancement.

Étape par étape, j'accomplis mon divin parcours, orné de merveilleuses réalisations, produits de mes persévérants efforts.

Maintenant s'annonce mon passage à l'étape suivante, fruit de l'accomplissement d'une phase menée à son terme.

Désormais s'ouvre devant moi la porte donnant accès aux accomplissements signe d'une fertile foi en Dieu l'Éternel.

Alors, je m'émerveille, et rends grâce, de gravir les marches avec foi.

Raison pour laquelle je prie et supplie Dieu le SEIGNEUR, de me garder sous sa précieuse protection, m'inspirer davantage et m'aider à agir et réagir avec succès dans le bon sens, honorant ainsi son saint nom, et celui de son Merveilleux Saint Fils, Jésus Christ.

« Merci SEIGNEUR, dès maintenant et pour toujours ! » (Ps 113.2)

Au nom de Jésus Christ ! Ici, maintenant, et pour toujours, Gloire au Père, Gloire au Fils, Gloire au Saint-Esprit. Honneur et Respect aux Membres des Forces du Bien. Amen. Amen. Amen.

Prière pour Porter Plus Haut ses Accomplissements

Je Suis Fier de Porter Tout Haut les Merveilles de la Divine Grâce. Amen.

Je sais maintenant que par Dieu tout est possible !

Car il y a encore quelque temps, même avec une foi éclairée, je ne pouvais mesurer un tel succès, ni prévoir une telle ascension !

Mais il est vrai que par l'Éternel, Dieu Tout-Puissant, rien n'est impossible !

Alors, je ne peux que m'émerveiller, tout en rendant grâce, content/e et fier de contribuer à porter tout haut, les merveilles de la divine grâce !

Oui, Père Éternel, mon Dieu, mon Créateur, j'exhibe avec fierté, les grâces des accomplissements que, par ton immense bonté, tu m'as invité et aidé à réaliser dans ce monde.

Et je te prie, ô Éternel, Père Éternel, mon Dieu, mon Créateur,

de me donner le pouvoir de garder fidèle ma passion pour tes œuvres, afin que des générations et des générations de ta création en bénéficient et te manifestent leur reconnaissance en honorant ton saint nom, et celui de ton Merveilleux Saint Fils, Jésus Christ.

« Merci SEIGNEUR, dès maintenant et pour toujours ! » (Ps 113.2)

« Mon âme, bénis l'Éternel, et n'oublie aucun de ses bienfaits ! » (Ps 103.2)

Au nom de Jésus Christ ! Ici, maintenant, et pour toujours, Gloire au Père, Gloire au Fils, Gloire au Saint-Esprit. Honneur et Respect aux Membres des Forces du Bien. Amen. Amen. Amen.

Prière pour Favoriser une Bonne Progression de ses Œuvres

Dieu l'Éternel Me Couvre de ses Richesses,
et Sécurise Mon Parcours. Amen.

Ô Éternel, mon Dieu, mon Créateur !

Tu me couvres de tes richesses !

Tu me berces de ton amour infini !

Et tu sécurises tout mon parcours, ô Éternel !

De sorte qu'à chaque étape, des alliés visibles et même invisibles facilitent ma divine progression.

Oui, Père Éternel ! Tu es Bon et Généreux envers moi.

Vraiment Éternel, tu es Merveilleux envers moi et les miens !

Alors, rien d'étonnant, ô Éternel, mon Dieu, que je souhaite ressembler à l'étoile céleste brillant et témoignant de tes merveilles !

Alors, je souhaite que mon cœur, mon être et mon âme, en temps d'épreuve, de joie, ou ordinaire, se souviennent du pouvoir de ton amour éternel pour tenir bon et continuer d'agir dans le bon sens, avec persévérance.

Raison pour laquelle je te supplie, ô Père Éternel, mon Dieu, mon Créateur, de me garder sous sa précieuse protection, m'inspirer davantage et m'aider à agir et réagir avec succès dans le bon sens, honorant ainsi ton saint nom, et celui de ton Merveilleux Saint Fils, Jésus Christ.

« Merci SEIGNEUR, dès maintenant et pour toujours ! » (Ps 113.2)

Au nom de Jésus Christ ! Ici, maintenant, et pour toujours, Gloire au Père, Gloire au Fils, Gloire au Saint-Esprit. Honneur et Respect aux Membres des Forces du Bien. Amen. Amen. Amen.

Prière de Reconnaissance d'Omniprésence de Dieu pour Mieux Évoluer

J'Exprime Mon Admiration pour les Œuvres Divines. Amen.

Éternel ! Ô Père Éternel, mon Dieu, mon Créateur !

Ils sont encore nombreux ceux de mes semblables à se demander qui Tu es, comment Tu es, ou encore où Tu es…

Alors que, devant leurs yeux et à chaque génération, Tu es !

Oui, depuis toujours Tu es, comme Tu es, et partout Tu es !

Tu nous démontres ta sagesse !

Tu nous donnes ton amour, avec tendresse !

Toute personne qui retient ta Grâce, Tu la couvres de tes richesses !

Parfois sans même qu'elle s'en doute, Père Éternel, miséricordieux !

Ô Éternel ! Tu apparais si mystérieux ! Pourtant, Tu es si transparent !

Ô Éternel ! Je te manifeste ma reconnaissance pour toutes ces révélations ! Je te manifeste également mon attachement éternel !

Et j'exprime mon admiration pour tes œuvres !

Et je te prie, ô Éternel, mon Dieu, que ta Grâce m'habite davantage, afin que mon témoignage demeure actif, réjouissant et encourageant.

Raison pour laquelle, je te prie en te suppliant de m'aider à prendre les bonnes décisions, opérer les bons choix, agir et réagir avec succès dans le bon sens, honorant ainsi ton saint nom, et celui de ton Merveilleux Saint Fils, Jésus Christ.

« Merci SEIGNEUR, dès maintenant et pour toujours ! » (Ps 113.2)

Au nom de Jésus Christ ! Ici, maintenant, et pour toujours, Gloire au Père, Gloire au Fils, Gloire au Saint-Esprit. Honneur et Respect aux Membres des Forces du Bien. Amen. Amen. Amen.

Prière de Louange à l'Éternel, pour Profiter des Merveilles du Monde

Dieu l'Éternel Me Donne l'Accès à la Jouissance de ses Merveilles. Amen.

Éternel ! Ô Père Éternel, mon Dieu, mon Créateur !

Dans ton Temple Sacré, les dimensions sont gigantesques !

Elles témoignent, toutes, des merveilles de ta Grandeur !

Elles affichent, toutes, des merveilles de ta Gloire !

Elles sont la preuve de ta générosité légendaire !

Et quiconque se calme et y pénètre, ne peut que s'en réjouir !

Alors, rien d'étonnant que je revienne, souvent, m'en réjouir !

Ô toi qui me donnes l'accès à la jouissance de tes diverses merveilles, je ne puis que m'émerveiller pour tant de splendeurs et de beautés magnifiques !

Face à tout cela, je te prie en te suppliant de m'aider à prendre les bonnes décisions, à opérer les bons choix me permettant de mener une belle et sainte vie, honorant ainsi ton saint nom, et celui de ton Merveilleux Fils, Jésus Christ.

« Merci SEIGNEUR, dès maintenant et pour toujours ! » (Ps 113.2)

« Mon âme, bénis l'Éternel, et n'oublie aucun de ses bienfaits ! » (Ps 103.2)

Au nom de Jésus Christ ! Ici, maintenant, et pour toujours, Gloire au Père, Gloire au Fils, Gloire au Saint-Esprit. Honneur et Respect aux Membres des Forces du Bien. Amen. Amen. Amen.

Prière d'Action de Grâce pour être comblé et voir d'autres personnes comblées

Que de Génération en Génération, l'on Se Souvienne des Largesses de Dieu l'Éternel. Amen.

Éternel ! Ô Père Éternel, mon Dieu, mon Créateur !

Tu me couvres de joie, tu me couvres de gloire !

Alors que je n'avais aucun pouvoir particulier !

Mais tu as versé des grâces en moi pour me couvrir d'étonnants pouvoirs. Et tu veilles sur moi où que j'aille, quoi que je fasse, tu veilles, ô Éternel ! Car tu veux maintenir mes pas sur ta Voie. Merci SEIGNEUR !

Tu es un Père Bon, Juste ! Alors, ô Père Éternel, pense aussi à mes frères et sœurs qui espèrent en toi et comptent sur ta miséricorde.

Et pour que ta Volonté s'accomplisse, je te prie de penser également aux récalcitrants qui te boudent. Car, comme te l'a dit Jésus Christ, ô Père Éternel, mon Dieu, ils ne savent vraiment pas.

Pourtant, des merveilles, de ta part, attendent chacune d'elle et chacun d'eux.

Alors ô mon Dieu, que ta grâce les transforme et que ton amour les saisisse, pour qu'à l'unisson, ta divine création rayonne et prospère dans la foi et la confiance en toi.

Et que de génération en génération, l'on se réjouisse de tes largesses pour demeurer proche de toi.

Et parce que sans ta précieuse aide nul, parmi nous, ne peut suivre pour longtemps le bon sens, je te supplie de ne point délaisser les personnes faisant de leur mieux pour respecter le bon sens. Je te supplie de les protéger et les soutenir davantage.

Raison pour laquelle, je te supplie de nous protéger, nous renforcer, afin que rien, ni personne ne puisse nous empêcher d'agir et réagir dans le bon sens avec des résultats encourageants, honorant ainsi ton saint nom, et celui de ton Merveilleux Saint Fils, Jésus Christ.

« Merci SEIGNEUR, dès maintenant et pour toujours ! » (Ps. 113.2)

Au nom de Jésus Christ ! Ici, maintenant, et pour toujours, Gloire au Père, Gloire au Fils, Gloire au Saint-Esprit. Honneur et Respect aux Membres des Forces du Bien. Amen. Amen. Amen.

Prière pour Faire de ses Faiblesses des Opportunités de Prendre Conscience et de s'Améliorer

Je souhaite que mes faiblesses deviennent opportunités de m'Améliorer. Amen.

Ô Père Éternel, mon Dieu, mon Créateur !

Désormais, je n'aurai plus à dire que je ne savais pas.

Désormais, je n'aurai plus à dire que j'ignorais tout.

Car, tu m'instruis constamment ! Tu me montres la voie divine qui mène aux accomplissements harmonieux !

Alors, ô Éternel, mon Dieu, mon Créateur, toi qui vois mes forces et mes faiblesses, je t'en supplie ! Aide-moi à faire de mes faiblesses des opportunités de prendre conscience et de m'améliorer.

De même, je t'en supplie ! Aide-moi à faire de mes forces des énergies positives pour des réalisations utiles et encourageantes.

Puisque tu m'as donné la grâce de t'en parler, face à mes faiblesses, je t'en supplie ! Accorde-moi le pouvoir de m'exercer à me détourner du mal avec succès, et transforme mes forces en énergies positives pour des réalisations utiles et encourageantes.

« Merci SEIGNEUR, dès maintenant et pour toujours ! » (Ps 113.2)

« Mon âme, bénis l'Éternel, et n'oublie aucun de ses bienfaits ! » (Ps 103.2)

Au nom de Jésus Christ ! Ici, maintenant, et pour toujours, Gloire au Père, Gloire au Fils, Gloire au Saint-Esprit. Honneur et Respect aux Membres des Forces du Bien. Amen. Amen. Amen.

Manifeste pour Surmonter l'Épreuve et Atteindre le But Recherché

Je Prends Conscience que Je Suis un Être Exceptionnel. Amen.

Je prends conscience que je suis un être exceptionnel, au destin merveilleux, je suis né pour agir et évoluer au meilleur niveau de conscience.

Je prends conscience que ma mission est magnifique et importante, des énergies sont en action pour concourir à mes réalisations.

Je prends conscience que, quelles que soient les faits, j'évolue harmonieusement, j'ai des solutions adéquates, des réponses justes.

Je prends conscience que mes connexions à Dieu illuminent mon chemin, de nombreuses satisfactions me réjouissent le cœur.

Je prends conscience de mon envie d'accomplir quelque chose de merveilleux, et de laisser au monde une histoire motivante.

Raison pour laquelle je supplie le Père Éternel, mon Dieu, mon Créateur, de me garder sous sa précieuse protection, m'inspirer davantage et m'aider à agir et réagir avec succès dans le bon sens, honorant ainsi son saint nom, et celui de son Merveilleux Saint Fils, Jésus Christ.

« Merci SEIGNEUR, dès maintenant et pour toujours ! » (Ps 113.2)

« Mon âme, bénis l'Éternel, et n'oublie aucun de ses bienfaits ! » (Ps 103.2)

Au nom de Jésus Christ ! Ici, maintenant, et pour toujours, Gloire au Père, Gloire au Fils, Gloire au Saint-Esprit. Honneur et Respect aux Membres des Forces du Bien. Amen. Amen. Amen.

Prière d'Affirmation de Soi Face à l'Épreuve

Le Pouvoir d'Accomplir des Merveilles Est en Moi. Amen. (Bis)

Ô Père Éternel Bienveillant ! Mon Dieu, mon Créateur !

Par ta Grâce, rien ne m'écarte de mon divin chemin.

Vraiment, par ta Grâce, rien ne m'éloigne de ma route.

Alors, peu importe les épreuves sur ma route.

Je les surmonte toutes en douceur, avec foi confiance en toi !

Me prouvant ainsi, et à quiconque, le pouvoir de la foi en toi, ainsi que la puissance de l'être divin créé et béni par toi !

Car c'est toi, ô Père Éternel Bienveillant, la Source de tous mes pouvoirs, qui m'aide à tenir bon et à surmonter mes épreuves en douceur, faisant ainsi de moi un être particulier, aux pouvoirs de réalisations surprenantes.

Alors, je souhaite rester en paix, pour œuvrer en paix avec foi et persévérance, puisque, par ta grâce, le pouvoir d'accomplir des merveilles est en moi, et je dois en faire bon usage.

Raison pour laquelle, je te prie en te suppliant de m'aider à prendre les bonnes décisions, opérer les bons choix, agir et réagir avec succès dans le bon sens, honorant ainsi ton saint nom, et celui de ton Merveilleux Saint Fils, Jésus Christ.

« Merci SEIGNEUR, dès maintenant et pour toujours ! » (Ps 113.2)

« Mon âme, bénis l'Éternel, et n'oublie aucun de ses bienfaits ! » (Ps 103.2)

Au nom de Jésus Christ ! Ici, maintenant, et pour toujours, Gloire au Père, Gloire au Fils, Gloire au Saint-Esprit. Honneur et Respect aux Membres des Forces du Bien. Amen. Amen. Amen.

Manifeste Face au Doute, pour Mieux Avancer

Face au Doute, J'ai à Découvrir ou à Apporter une Précision Utile. Amen.

Je comprends désormais que face au doute, c'est une découverte qui attire mon attention, ou alors une précision à fournir à ma conscience, pour avancer sûrement et paisiblement.

Et lorsque je me calme pour observer, je constate et je comprends que souvent, ce qui accapare mon attention n'est qu'une goutte d'eau dans l'immense océan de mes jouissances quotidiennes !

Alors, je me relaxe pour mieux apprécier mes jouissances, et pour mieux accomplir mes fonctions et mes missions.

Raison pour laquelle, je prie en suppliant le Père Éternel, mon Dieu, mon Créateur, de m'aider à prendre les bonnes décisions, opérer les bons choix, agir et réagir avec succès dans le bon sens, honorant ainsi son saint nom, et celui de son Merveilleux Saint Fils, Jésus Christ.

« Merci SEIGNEUR, dès maintenant et pour toujours ! » (Ps 113.2)

Au nom de Jésus Christ ! Ici, maintenant, et pour toujours, Gloire au Père, Gloire au Fils, Gloire au Saint-Esprit. Honneur et Respect aux Membres des Forces du Bien. Amen. Amen. Amen.

Prière pour se Rassurer et Tenir Bon, pour s'en Sortir

En Restant Connecté à Dieu l'Éternel,
Je ne Peux qu'Aller de l'Avant. Amen.

Ô Père Éternel ! Mon Dieu, mon Créateur !

Me voici actuellement dans cette situation.

Toi seul, ô mon Dieu, sais où je me serai rendu après cette période.

Toi seul, également, vois ce que j'y entreprendrai, ô Éternel, mon Dieu !

Pourtant je sais, ô Éternel, mon Dieu, que je ne peux qu'aller de l'avant, puisque chaque pas et chaque instant de ma vie me dirigent à un point précis, lieu de rendez-vous aux couleurs de réalisations gratifiantes et réjouissantes.

Alors, je souhaite que mon cœur soit en paix, que mon être soit confiant, tout ira bien, par ta Grâce.

« Merci SEIGNEUR, dès maintenant et pour toujours ! » (Ps 113.2)

« Mon âme, bénis l'Éternel, et n'oublie aucun de ses bienfaits ! » (Ps 103.2)

Au nom de Jésus Christ ! Ici, maintenant, et pour toujours, Gloire au Père, Gloire au Fils, Gloire au Saint-Esprit. Honneur et Respect aux Membres des Forces du Bien. Amen. Amen. Amen.

Prière pour Garder l'Espoir d'Accéder à une Situation Épanouissante

J'Admire, avec Foi, l'Instant Merveilleux où Dieu Va encore me Combler. Amen.

Éternel, ô Père Éternel, mon Dieu, Bon, Merveilleux et Généreux !

J'admire, avec foi, l'instant merveilleux où tu vas encore me combler.

Oui, je ressens, avec foi, l'instant nouveau où tu vas encore me combler.

Tu m'as laissé connaître cette période d'observation et d'apprentissage, comme une traversée du désert qui me motive à mieux apprécier mon bonheur, comme jadis, tu laissas le peuple hébreux dans le désert pendant 40 années, le temps pour lui de purifier son cœur, d'apprécier ta bonté et jamais n'oublie tes bienfaits.

J'ai connu une difficile période à mon niveau, afin que je me souvienne de tes bienfaits, et me réjouisse de la période de grâce en préparation.

Pourtant, ô mon Dieu, même pendant cette période difficile, tout est resté facilement à ma hauteur. MERCI SEIGNEUR.

Alors, Père Éternel, mon Dieu, mon Créateur, je souhaite qu'il te plaise de me voir toujours puiser en toi, sagesse et moyens pour mieux témoigner de tes merveilles en temps difficile ou en temps ordinaire ou d'abondance.

Car en me ressourçant en toi, ô Père Éternel, mon Dieu, mon Créateur, les épreuves que je connais sont douces et, toujours, elles augmentent ma sagesse, ainsi que ma part de jouissance.

Raison pour laquelle je te supplie, ô Père Éternel, mon Dieu, mon Créateur, de me pardonner pour mes manquements, me garder sous ta précieuse protection, m'inspirer davantage et m'aider à agir et réagir avec succès dans le bon sens, honorant ainsi ton saint nom, et celui de ton Merveilleux Saint Fils, Jésus Christ.

« Merci SEIGNEUR, dès maintenant et pour toujours ! » (Ps 113.2)

« Mon âme, bénis l'Éternel, et n'oublie aucun de ses bienfaits ! » (Ps 103.2)

Au nom de Jésus Christ ! Ici, maintenant, et pour toujours, Gloire au Père, Gloire au Fils, Gloire au Saint-Esprit. Honneur et Respect aux Membres des Forces du Bien. Amen. Amen. Amen.

Manifeste pour se Motiver à Poursuivre une Œuvre qui Tient à Cœur

(Pour se donner l'envie de persévérer sur sa bonne voie)

Je me Réjouis d'Avoir le Pouvoir et les Moyens d'Entreprendre Tout Cela. Amen.

Je me rends compte, avec foi, de la signification de ma présence ici.

En effet, je suis en train de réaliser ce que je suis venu faire dans ce monde. Et je me réjouis de pouvoir entreprendre tout cela, et d'atteindre mon but.

Comme c'est merveilleux de pouvoir exprimer ses talents. Je suis donc content/e, d'accomplir tout cela dans ce monde.

Je suis content/e, heureux/se, parce que ce que je fais est utile. Oui, ce que je fais est utile et épanouissant, tant pour moi qu'à beaucoup d'autres personnes.

Et l'Éternel, mon Dieu, Bon et Merveilleux, me soutient bien.

Tout est en marche, tout est à l'œuvre, et c'est divinement bien.

La Providence divine est mon alliée, puisque l'Esprit Saint est sur moi.

Les épreuves du moment ne sauraient donc me dérouter ni me décourager. Alors, je souhaite être en paix et poursuivre mon travail sous la divine Providence, en espérant des résultat encourageants tant sur la plan matériel que spirituel.

Dès maintenant, je remercie la Providence divine et mes alliés d'ici et d'ailleurs.

Et *« Merci SEIGNEUR, dès maintenant et pour toujours ! »* (Ps 113.2)

Au nom de Jésus Christ ! Ici, maintenant, et pour toujours, Gloire au Père, Gloire au Fils, Gloire au Saint-Esprit. Honneur et Respect aux Membres des Forces du Bien. Amen. Amen. Amen.

PRIÈRE POUR CULTIVER L'ESPOIR D'UNE SOLUTION OU ÉVOLUTION RÉJOUISSANTE

Je Demeure sous le Regard Bienveillant et l'Actif Soutien du Père Éternel. Amen.

Éternel, ô Père Éternel, mon Dieu, Bon, Merveilleux et Généreux !

Il n'y a rien que je ne puisse faire, ou dépasser, lorsque tu me soutiens !

Oui, Père Éternel, mon Dieu, mon Créateur, je suis fort, puissant et sage, par ton merveilleux soutien.

Oui, je suis un être aux pouvoirs exceptionnels, par ton divin soutien. Car par toi, tout est possible. Oui Père Éternel, mon Dieu, par toi tout est à ma portée.

Alors, je me calme, je m'apaise et me tranquillise pour laisser remonter le talent en moi, afin que la nuit, comme le jour, je rayonne et m'active avec talent.

Oui Père Éternel, mon Dieu, mon Créateur, tu fais de moi un être merveilleux, qui rayonne et réussit avec talent.

Alors, je m'active pour accomplir des actes valorisant ma foi en toi, sous ton regard bienveillant et ton merveilleux soutien pour moi, ô Éternel, mon Dieu, Bon et Généreux.

« Merci SEIGNEUR, dès maintenant et pour toujours ! » (Ps 113.2)

« Mon âme, bénis l'Éternel, et n'oublie aucun de ses bienfaits ! » (Ps 103.2)

Au nom de Jésus Christ ! Ici, maintenant, et pour toujours, Gloire au Père, Gloire au Fils, Gloire au Saint-Esprit. Honneur et Respect aux Membres des Forces du Bien. Amen. Amen. Amen.

Prière pour Rendre sa Foi Efficace et en Bénéficier

(Pour activer le pouvoir de concrétiser ses souhaits)

La Générosité de Dieu l'Éternel Récompense Ma Foi. Amen.

Éternel, ô Père Éternel, mon Dieu, Bon et Généreux !

Que serais-je sans foi en toi, et en ta bonté envers moi ?

Un tourbillon de confusion dans une nuit ténébreuse ? Une ville désertique ?

Heureusement ! J'ai foi en toi, ô Père Éternel, j'ai foi en ta bonté envers moi !

C'est pour cela que ma route est éclairée par ta lumière, et ma vie reflète de ta bonté, de sorte que par temps de joie, je célèbre tes grâces magnifiques pour moi.

Par temps de peine, j'affiche et démontre le pouvoir de ma foi en toi.

Alors, ô Père Éternel, mon Dieu, je souhaite que ta bonté demeure sur les miens et sur moi, je souhaite que ta générosité, signe de ta puissance, nourrit davantage ma foi, afin que même les incrédules voient et changent d'avis sur toi.

Raison pour laquelle je te supplie, ô Père Éternel, mon Dieu, mon Créateur, de me pardonner pour mes manquements, me garder sous ta précieuse protection, m'inspirer davantage et m'aider à agir et réagir avec succès dans le bon sens, honorant ainsi ton saint nom, et celui de ton Merveilleux Saint Fils, Jésus Christ.

« Merci SEIGNEUR, dès maintenant et pour toujours ! » (Ps 113.2)

Au nom de Jésus Christ ! Ici, maintenant, et pour toujours, Gloire au Père, Gloire au Fils, Gloire au Saint-Esprit. Honneur et Respect aux Membres des Forces du Bien. Amen. Amen. Amen.

Prière du Fidèle pour Augmenter son Pouvoir d'Action

Dieu l'Éternel Me Nourrit Harmonieusement de ses Grâces. Amen.

Éternel, mon Berger, Bon et Merveilleux !

Tu me nourris harmonieusement de tes grâces magnifiques.

Tu m'accordes ton merveilleux soutien au bon moment.

Tu fais de moi un être distinct, et distingué de ton troupeau.

Tu fais de moi, un messager actif porteur de paix et de bien-être.

Tu fais de moi, un messager de l'épanouissement par la foi et l'action.

Oui, tu fais de moi un bon messager dans ce monde des assoiffés.

Oui, par toi, je suis l'activateur de la foi, source de dépassement de soi et des barrières des apparences très souvent trompeuses.

Raison pour laquelle je te supplie, ô Père Éternel, mon Dieu, mon Créateur, me pardonner pour mes manquements, me garder sous ta précieuse protection, m'inspirer davantage et m'aider à agir et réagir avec succès dans le bon sens, honorant ainsi ton saint nom, et celui de ton Merveilleux Saint Fils, Jésus Christ.

« Merci SEIGNEUR, dès maintenant et pour toujours ! » (Ps 113.2)

« Mon âme, bénis l'Éternel, et n'oublie aucun de ses bienfaits ! » (Ps 103.2)

Au nom de Jésus Christ ! Ici, maintenant, et pour toujours, Gloire au Père, Gloire au Fils, Gloire au Saint-Esprit. Honneur et Respect aux Membres des Forces du Bien. Amen. Amen. Amen.

Prière d'Action de Grâce pour les Fidèles

(Pour renforcer la Prière des fidèles et ouvrir la foi aux incrédules)

Un Merveilleux Témoignage des Fidèles Exaucés. Amen.

Éternel mon Dieu, tu es Bon et Généreux !

Tu exauces les prières de tes créatures qui espèrent en toi.

Aussi les peuples, depuis la nuit des temps, te prient avec foi.

Alors, n'oublie pas de les exaucer même lorsqu'ils perdent la foi, pour les aider à retrouver la foi en toi.

N'oublie pas d'arroser leur foi, par tes merveilles, en signe de récompense, afin que comblés de tes largesses, ils en témoignent avec joie et dans la foi, et ainsi motiver les sceptiques à changer d'avis sur la foi en toi, saisis par la consistance des grâces nées de la foi en toi.

Grâces qui relèvent, comblent et font rayonner quiconque agit réellement avec persévérance et foi en toi.

Quant à moi, nul doute que tu m'exauces, depuis longtemps, encore et encore. Raison pour laquelle, je te présente cette Prière avec foi, le cœur palpitant d'espoir.

Merci SEIGNEUR mon Dieu, mon Créateur, pour tout ce que tu en feras, pour alimenter l'unité de la sainte foi en toi.

« Merci SEIGNEUR, dès maintenant et pour toujours ! » (Ps 113.2)

« Mon âme, bénis l'Éternel, et n'oublie aucun de ses bienfaits ! » (Ps 103.2)

Au nom de Jésus Christ ! Ici, maintenant, et pour toujours, Gloire au Père, Gloire au Fils, Gloire au Saint-Esprit. Honneur et Respect aux Membres des Forces du Bien. Amen. Amen. Amen.

Prière pour se Préserver des Comportements Destructeurs

(Face à la banalisation de ce qu'on dispose)

Je ne Souhaite pas Défaire mon Héritage,
ni Gâcher mes Précieux Instants. Amen.

Ô Père Éternel ! Mon Dieu, mon Créateur !

C'est comme si j'avais oublié le parcours vécu.

Oui, c'est comme si j'avais oublié tout ce qui s'est passé !

Pour me laisser banaliser ce qu'autrefois je souhaitais avec force.

Devrais-je, ô Éternel, devenir l'instrument de mes pulsions ?

Ô Éternel ! Mon Dieu, mon Créateur ! Qu'il te plaise, je te prie, que je n'ai point à ouvrir les yeux un jour pour constater ma perte, ni à ouvrir la bouche pour raconter ce que j'aurais perdu.

Ô Éternel, mon Dieu, tu as saisi ma conscience de cette vérité !

Je t'en supplie ! Saisis tout mon être de ta sagesse et de ton amour, pour faire de moi un être d'amour pour les êtres que tu m'as confiés, un être attentif, bon soutien de l'héritage que tu m'as confié.

Ô Père Éternel, mon Dieu, mon Créateur ! Tu vois mon fond, tu vois bien ce qui m'anime, en vérité.

Je t'en supplie ! Que ta sagesse m'habite tant pour mes choix, que pour mes actes, afin que je n'aie point à gâcher mes précieux instants ni à regretter par la suite d'en avoir fait n'importe quoi.

Raison pour laquelle je te supplie encore de m'accorder la sagesse, m'aider à agir et réagir dans le bon sens avec succès, honorant ainsi ton saint nom, et celui de ton Merveilleux Saint Fils, Jésus Christ.

« Merci SEIGNEUR, dès maintenant et pour toujours ! » (Ps 113.2)

« Mon âme, bénis l'Éternel, et n'oublie aucun de ses bienfaits ! » (Ps 103.2)

Prière de Prévention contre l'Excès Destructeur

(Pour rester maître de soi et évoluer avec sagesse)

Comme une Jolie Fleur, comme un Agréable Echo Mélodieux pour Dieu ! Amen.

Éternel, ô Père Éternel, Dieu Bon et Merveilleux !

Je me tourne vers toi et, humblement, je te rends grâce car, tu as saisi ma conscience de ta sagesse éclairante.

Oui, je comprends que trop de peines assourdissent et aveuglent, tout comme, également, trop de joies assourdissent et aveuglent.

Alors, ô Éternel, Père Éternel, mon Dieu Bon et Merveilleux, daigne, je te prie, m'éclairer en toute circonstance, daigne me guider

pour que je ne plonge dans aucun excès assourdissant ou aveuglant.

Mais que, bien au contraire, j'applique la mesure sage en toute chose, pour rester libre et raisonnable enfant de Dieu l'Éternel, Bon et Merveilleux, afin que mon existence, sur cette terre, soit comme une jolie fleur à tes yeux, et les fruits de mes actes, à tes oreilles, comme un agréable écho mélodieux.

J'agis donc et réagis du mieux que je le peux. Pour le déroulement et le résultat, je m'en remets à toi Dieu Tout-Puissant, par qui les obstacles disparaissent et la vie se poursuit harmonieusement dans le bon sens, avec succès.

« Merci SEIGNEUR, dès maintenant et pour toujours ! » (Ps 113.2)

Au nom de Jésus Christ ! Ici, maintenant, et pour toujours, Gloire au Père, Gloire au Fils, Gloire au Saint-Esprit. Honneur et Respect aux Membres des Forces du Bien. Amen. Amen. Amen.

Prière pour Activer la Divine Bienveillance pour Soi

(Pour aider les gens justes à connaître une évolution épanouissante)

Éternel ! Ô Père Éternel, Dieu Bon et Merveilleux !

Tu vois tout, tu sais tout, rien ne t'échappe, ô mon Dieu !

Tu vois ma situation et tu me connais bien, y compris ce que j'ignore de moi-même. Oui, Père Éternel, mon Dieu, tu connais tout, tu vois tout, même ce qui est caché. Tu connais les gens de bonne volonté, les justes, et ceux qui t'adorent en vérité.

Tu es le Dieu Bon et Merveilleux, tu es le Dieu Juste et Généreux, tu es mon Dieu.

Tu aimes toutes tes créatures, même les plus ingrates tout en réservant une place particulière aux gens justes, qui œuvrent pour le bien, préservent la nature, le faible ou l'innocent.

Oui, ceux-là qui éliminent les motifs de faire souffrir, ou détruire, tu les places en haut dans ton estime. Tu les soutiens, les combles de ce qu'il y a de mieux, car il est très encourageant, juste et bon, que tu exauces merveilleusement les gens justes.

Quant à moi, je reconnais que tu m'exauces souvent au-delà de mon entendement. Et c'est très bien ainsi. C'est pour cela que mon cœur est plein d'espoir en ta miséricorde.

« Merci SEIGNEUR, dès maintenant et pour toujours ! » (Ps 113.2)

« Mon âme, bénis l'Éternel, et n'oublie aucun de ses bienfaits ! » (Ps 103.2)

Au nom de Jésus Christ ! Ici, maintenant, et pour toujours, Gloire au Père, Gloire au Fils, Gloire au Saint-Esprit. Honneur et Respect aux Membres des Forces du Bien. Amen. Amen. Amen.

Manifeste Face aux Tentations et Leurres Déroutants

Je Demeure le Maître de Mon Divin Parcours. Amen.

Je sais désormais ce que je vise, en réalité !

Je sais ce qui motive mon être et mon esprit, en vérité !

Je sais aussi ce qui enchante mon âme, en vérité !

Les tentations n'auront pas de prise sur moi, car l'objet de ma mission me tient.

Toute manipulation tendant à me dévier de mon divin destin, est désormais vaine. Car je sais ce que je vise et je sais ce qui m'importe, en vérité.

Alors, peu importe les différentes manœuvres et tentatives. Rien ne saura me dévier de mon divin destin, je le poursuis assidûment.

Alors, devant les tentations et leurres, je demeure le maître dressé sur mon char, que je conduis avec détermination et foi, quel que soit l'état de mon chemin.

Toutefois, puisque nul parmi nous ne peut suivre pour longtemps le bon chemin sans précieuse aide,

je supplie le Père Éternel, mon Dieu, mon Créateur, de me pardonner pour mes manquements, me garder sous sa précieuse protection, m'inspirer davantage et m'aider à agir et réagir avec succès dans le bon sens, honorant ainsi son saint nom, et celui de son Merveilleux Saint Fils, Jésus Christ.

« Mon âme, bénis l'Éternel, et n'oublie aucun de ses bienfaits ! » (Ps 103.2)

Au nom de Jésus Christ ! Ici, maintenant, et pour toujours, Gloire au Père, Gloire au Fils, Gloire au Saint-Esprit. Honneur et Respect aux Membres des Forces du Bien. Amen. Amen. Amen.

Prière contre les Tentations et les Faits Déroutants

Dieu l'Éternel Me Donne de Sublimes Pouvoirs. Amen. (Bis).

Père Éternel ! Mon Dieu, mon Créateur !

Je sais à présent que depuis le commencement,

Tu me donnes des forces, du courage et de la sagesse, face aux expériences que je vis parmi les êtres humains, mes prochains.

Oui Père Éternel ! Mon Dieu ! Tu me donnes de sublimes pouvoirs, pour continuer ma route, sans détour, et œuvrer avec constance.

Alors, je souhaite poursuive ma route avec foi et confiance en toi, pour œuvrer avec force et persévérance vers le Plus-Haut.

Face à tout cela, je te prie en te suppliant de m'aider à prendre les bonnes décisions, opérer les bons choix me permettant de mener une belle et sainte vie, honorant ainsi ton saint nom, et celui de ton Merveilleux Fils, Jésus Christ.

« Merci SEIGNEUR, dès maintenant et pour toujours ! » (Ps 113.2)

« Mon âme, bénis l'Éternel, et n'oublie aucun de ses bienfaits ! » (Ps 103.2)

Au nom de Jésus Christ ! Ici, maintenant, et pour toujours, Gloire au Père, Gloire au Fils, Gloire au Saint-Esprit. Honneur et Respect aux Membres des Forces du Bien. Amen. Amen. Amen.

Manifeste pour Susciter Une Période de Satisfactions

(Pour favoriser le succès de son travail)

Je Rayonne de Foi, le Cœur en Paix, et l'Être à la Fête. Amen. (Bis)

Je reflète à présent l'auréole du succès et de la foi sur ma tête !

Couronne de mes actions et de mes œuvres bien acheminées !

Fruit de mon travail, signe de mon étincelante foi en Dieu l'Éternel !

Alors, je rayonne de foi, le cœur en paix, et l'être à la fête !

Raison pour laquelle je supplie le Père Éternel, mon Dieu, mon Créateur, de me pardonner pour mes manquements, me garder sous sa précieuse protection, m'inspirer davantage et m'aider à agir et réagir avec succès dans le bon sens, honorant ainsi son saint nom, et celui de son Merveilleux Saint Fils, Jésus Christ.

« Merci SEIGNEUR, dès maintenant et pour toujours ! » (Ps 113.2)

« Mon âme, bénis l'Éternel, et n'oublie aucun de ses bienfaits ! » (Ps 103.2)

Au nom de Jésus Christ ! Ici, maintenant, et pour toujours, Gloire au Père, Gloire au Fils, Gloire au Saint-Esprit. Honneur et Respect aux Membres des Forces du Bien. Amen. Amen. Amen.

Prière pour Favoriser la Survenance d'Évènements Épanouissants

(Pour favoriser l'assistance divine en dépit de la peur ou des craintes)

Éternel, ô Père Éternel, Dieu Bon et Tout-Puissant !

Ce qui veut dire que tu es au-dessus de tout : rien ne te dépasse !

Je ne crois donc pas que mes craintes puissent t'empêcher de m'exaucer.

Je ne crois pas que mes peurs puissent t'empêcher de me combler.

Je crois, en revanche, que par toi je vais accéder à ce qui concoure à mon épanouissement dès lors que j'agis dans le bon sens avec persévérance et foi en toi.

Oui, Père Éternel, Dieu Bon et Merveilleux, je crois que tu me donnes un merveilleux coup de pouce, dès lors que j'agis dans le bon sens avec persévérance et foi en toi.

Je crois donc que quelles que soient les apparences, mes peurs ou mes craintes, tout ira bien par ta grâce.

Alors, je m'active avec persévérance et foi en toi, afin que par ta grâce, des évènements épanouissants viennent nous relever et nous renforcer.

Raison pour laquelle, je te supplie, ô Père Éternel, mon Dieu, mon Créateur, de me pardonner pour mes manquements, me garder sous ta précieuse protection, m'inspirer davantage et m'aider à agir et réagir avec succès dans le bon sens, honorant ainsi ton saint nom, et celui de ton Merveilleux Saint Fils, Jésus Christ.

« Merci SEIGNEUR, dès maintenant et pour toujours ! » (Ps 113.2)

« Mon âme, bénis l'Éternel, et n'oublie aucun de ses bienfaits ! » (Ps 103.2)

Au nom de Jésus Christ ! Ici, maintenant, et pour toujours, Gloire au Père, Gloire au Fils, Gloire au Saint-Esprit. Honneur et Respect aux Membres des Forces du Bien. Amen. Amen. Amen.

Manifeste pour Déclencher une Grande Satisfaction

Aujourd'hui Voit S'Accomplir ce qui a Été Écrit et Dit ! Ainsi soit-il.

Ce jour-là, je pourrai dire :

Je lis maintenant, au monde, à haute et intelligible voix, ce que Dieu l'Éternel, auparavant, a prévu sur mon chemin, tablette de mon divin destin, quel merveilleux évènement !

En ce jour, s'accomplit au monde ce qui a été écrit et dit.

Car, en ce jour, le programme de Dieu à mon sujet s'accomplit.

Et le monde constate le merveilleux travail accompli, fruit de la terre harmonieusement arrosée par le ciel.

Quel bel évènement ! Quelle belle histoire !

Ma belle histoire écrite au fil du temps, est accomplie !

Ma belle histoire accomplie, est désormais contée ici et ailleurs, renforçant ainsi l'espoir pour quiconque agis dans le bon sens, se confie avec respect et foi en Dieu l'Éternel.

« Merci SEIGNEUR, dès maintenant et pour toujours ! » (Ps 113.2)

« Mon âme, bénis l'Éternel, et n'oublie aucun de ses bienfaits ! » (Ps 103.2)

Au nom de Jésus Christ ! Ici, maintenant, et pour toujours, Gloire au Père, Gloire au Fils, Gloire au Saint-Esprit. Honneur et Respect aux Membres des Forces du Bien. Amen. Amen. Amen.

Manifeste pour Jours de Grande Satisfaction

(Pour favoriser la survenance d'un évènement joyeux)

Aujourd'hui, C'est un Jour Historique ! Amen.

Ce jour-là, je pourrai dire :

Aujourd'hui est un grand jour, un jour mémorable, un jour historique !

Aujourd'hui est un jour particulier, bien différent des autres jours !

Aujourd'hui est un jour que même mes émotions ne peuvent traduire !

Pour moi, aujourd'hui est un jour de satisfaction complète et de gloire !

Car aujourd'hui, j'intègre un univers extraordinaire, muni de nombreux cadeaux, produits de mon travail accompli.

Je pourrais sauter, je pourrais rouler, voire crier, ou même me pincer.

Mais, je ne manifeste rien de tout cela, je reste calme, signe d'une transformation réussie.

« Merci SEIGNEUR, dès maintenant et pour toujours ! » (Ps 113.2)

« Mon âme, bénis l'Éternel, et n'oublie aucun de ses bienfaits ! » (Ps 103.2)

Au nom de Jésus Christ ! Ici, maintenant, et pour toujours, Gloire au Père, Gloire au Fils, Gloire au Saint-Esprit. Honneur et Respect aux Membres des Forces du Bien. Amen. Amen. Amen.

Prière des Temps de Grâce ou pour Activer les Temps Heureux

Heureux, Bien Heureux, Je Suis, en Ton Sein, Merveilleux ! Amen.

Éternel, mon Dieu, mon Créateur !

Tu es vraiment bon ! Tu es vraiment généreux !

Bien heureux est mon être qui s'en rend compte !

Heureux, bien heureux est mon cœur qui s'en réjouit !

Heureux, bien heureux est mon esprit qui s'en émerveille !

Heureux, bien heureux, je suis, en ton sein, merveilleux ! couvert de joyaux et de grâces magnifiques, Heureux !

J'agis donc et réagis du mieux que je le peux. Pour le déroulement et le résultat, je m'en remets à toi le Dieu Tout-Puissant par qui les obstacles disparaissent et la vie se poursuit harmonieusement dans le bon sens, avec succès, en l'honneur de ton saint nom, et de celui de ton Merveilleux Saint Fils, Jésus Christ.

« Merci SEIGNEUR, dès maintenant et pour toujours ! » (Ps 113.2)

« Mon âme, bénis l'Éternel, et n'oublie aucun de ses bienfaits ! » (Ps 103.2)

Au nom de Jésus Christ ! Ici, maintenant, et pour toujours, Gloire au Père, Gloire au Fils, Gloire au Saint-Esprit. Honneur et Respect aux Membres des Forces du Bien. Amen. Amen. Amen.

Manifeste Quotidien pour s'Attirer la Santé, la Sécurité, le Succès et la Prospérité

Je suis divinement inspiré, soutenu et merveilleusement comblé. Amen. (Bis)

L'Esprit du Père Éternel, Dieu Bon et Merveilleux, repose sur moi.

Il purifie profondément tout mon corps, et régénère tout mon être.

L'Esprit du Père Éternel, Dieu Bon et Merveilleux, repose sur moi.

Il me fortifie, il sécurise mes voies et protège tous les miens.

L'Esprit du Père Éternel, Dieu Bon et Merveilleux, repose sur moi.

Il m'inspire des idées constructives pour mes accomplissements.

L'Esprit du Père Éternel, Dieu Bon et Généreux, repose sur moi.

Il m'approvisionne merveilleusement d'abondantes richesses.

L'Esprit du Père Éternel, Dieu Bon et Généreux, repose sur moi.

Alors, des opportunités utiles se présentent régulièrement à moi.

Et tel un aimant attire du métal, je souhaite attirer la santé, la sécurité, le succès et la prospérité.

Je souhaite qu'une partie de cette prospérité se manifeste par (indiquez votre souhait). Amen.

L'Esprit du Père Éternel, Dieu Bon et Généreux, repose sur moi.

Alors mon être, glorifie Dieu l'Éternel, et réjouis-toi de ses merveilles.

Quant à moi, je dis *« Merci SEIGNEUR, dès maintenant et pour toujours ! »* et je dis à *« Mon âme, bénis l'Éternel, et n'oublie aucun de ses bienfaits ! »* (Ps 103.2)

Et toi, ma tête, souviens-toi du Seigneur Jésus Christ, de ses Signes et de son Merveilleux Enseignement.

Justement, au nom de Jésus Christ ! Ici, maintenant, et pour toujours, Gloire au Père, Gloire au Fils, Gloire au Saint-Esprit. Honneur et Respect aux Membres des Forces du Bien. Amen. Amen. Amen.

Prière pour Demeurer sous Bonne Guide

Ce Qui Est Bon Et Juste M'émerveille. Amen.

Père Éternel ! Mon Dieu ! Mon Créateur !

Je t'en supplie ! Je t'en supplie !

Qu'il te plaise, que la quête de ce que je crois juste ne m'éloigne pas de toi.

Qu'il te plaise, encore, que ce que je crois bon ne m'empêche pas de faire ce qui est juste.

« Merci SEIGNEUR, dès maintenant et pour toujours ! » (Ps 113.2)

« Mon âme, bénis l'Éternel, et n'oublie aucun de ses bienfaits ! » (Ps 103.2)

Et toi, ma tête, souviens-toi du Seigneur Jésus Christ, de ses Signes et de son Merveilleux Enseignement.

Justement, au nom de Jésus Christ ! Ici, maintenant, et pour toujours, Gloire au Père, Gloire au Fils, Gloire au Saint-Esprit. Honneur et Respect aux Membres des Forces du Bien. Amen. Amen. Amen.

Prier pour la Réussite de votre Vie de Couple et aussi pour un merveilleux coup de pouce à vos enfants

Prendre la bonne habitude de prier en faveur de votre couple et de vos enfants, est le moyen direct et simple à votre portée, de garder votre couple unie, et d'aider vos enfants à réussir leur vie. Si réussir leur vie fait partie de leurs souhaits.

En effet, chaque personne a son destin à concrétiser par ses souhaits, ses choix, ses décisions et ses actes. En priant Dieu, vous alimentez pour eux la chance d'accéder aux bonnes opportunités, vous les aidez à surmonter les influences déroutantes ou à les éviter, à transformer positivement leurs échecs en opportunités de faire mieux, si tout cela fait partie de leurs réels souhaits.

Quant à moi, je souhaite que Dieu vous protège et vous inspire et,
Pour la fertilité d'un amour sincère et mutuelle entre vous et Lui,
Je souhaite que vous vous disposiez à être davantage proche de Lui.
Amen.

Manifeste pour Solidifier et Enrichir sa Vie de Couple

L'Amour de Quelqu'un de Bien à mes Côtés, me Donne des Ailes. (Bis)

Que de bonnes choses à réaliser dans ce monde pour quiconque le désire, agit et prend appui sur Dieu l'Éternel.

Vraiment, rester actifs, tant que nous le pouvons, nous le devons pour avancer.

Ce qui est merveilleux, aussi, et qui donne une saveur tout à fait particulière à la vie, c'est l'amour de quelqu'un de bien à ses côtés, dont on fait quelqu'un de meilleur pour, ensemble, surmonter tout obstacle et se réjouir de la vie.

Alors tel un arbuste, planté sur une terre fertile généreusement arrosée, donne d'abondants fruits, qui régalent les propriétaires et leurs hôtes.

J'agis donc et réagis du mieux que je le peux pour protéger mon couple. Pour le déroulement et le résultat, je m'en remets à Dieu Tout-Puissant par qui les obstacles disparaissent et la vie se poursuit harmonieusement dans le bon sens, avec succès, honorant ainsi son saint nom, et celui de son Merveilleux Saint Fils, Jésus Christ.

«Je remercie le Seigneur qui me conseille. Même la nuit, ma conscience me parle» (Ps.16 7)

« Mon âme, bénis l'Éternel, et n'oublie aucun de ses bienfaits ! » (Ps 103.2)

Au nom de Jésus Christ ! Ici, maintenant, et pour toujours, Gloire au Père, Gloire au Fils, Gloire au Saint-Esprit. Honneur et Respect aux Membres des Forces du Bien. Amen. Amen. Amen.

Manifeste pour Renforcer les Liens Conjugaux

(Pour faire de son union une source de paix épanouissante)

Ô Mon Amour !

Il y a tellement de bonnes choses à découvrir et à vivre ensemble !

En demeurant attentionnés, tant que nous vivons, nous le devons, pour faire de notre foyer un havre de paix pour nous et les nôtres !

Et aussi pour faire de notre union une source d'épanouissement mutuel, dont le rayonnement est le signe de l'union sous divines grâces, au sein de laquelle nous évoluons tendrement et paisiblement, en témoignage de l'action divine sur nous, en nous et autour de nous !

En témoignage, également, de l'élévation merveilleuse de notre conscience à un niveau nous permettant de mieux apprécier et de mieux préserver l'essentiel.

Agissons et réagissons avec persévérance et foi en Dieu pour protéger notre couple. Pour le déroulement et le résultat, remettons-nous à Dieu Tout-Puissant par qui les obstacles s'abaissent et les merveilles arrivent au bon moment, honorant ainsi son saint nom, et celui de son Merveilleux Saint Fils, Jésus Christ.

«Je remercie le Seigneur qui me conseille. Même la nuit, ma conscience me parle» (Ps.16 7)

« Mon âme, bénis l'Éternel, et n'oublie aucun de ses bienfaits ! » (Ps 103.2)

Au nom de Jésus Christ ! Ici, maintenant, et pour toujours, Gloire au Père, Gloire au Fils, Gloire au Saint-Esprit. Honneur et Respect aux Membres des Forces du Bien. Amen. Amen. Amen.

Manifeste pour Favoriser une Vie Conjugale Harmonieuse et Prospère

(Préservez le bonheur dans votre foyer et faites évoluer votre conjoint)

C'est Agréable l'Amour Réciproque. Amen.

Mon conjoint est un être de la création divine, assisté par la Sagesse Divine universelle, qui le guide, le conseille en toute circonstance.

Tout au long de sa vie, il progresse continuellement.

Tout va très bien. Il réussit ce qu'il entreprend dans le bon sens et il a trouvé un filon rentable, prospère, c'est merveilleux, c'est le meilleur. Il a été créé pour moi. Nous sommes unis à jamais dans l'Harmonie, la Paix et la Confiance.

Je l'Aime et il m'Aime, du plus profond de son esprit.

Nous nous aimons beaucoup, plus, et toujours plus.

C'est Agréable l'Amour réciproque, notre union va bien.

Nous sommes un couple uni dans la Paix, car notre Amour est Profond et Sincère.

Dieu est Puissant ! Dieu est Puissant !

Dieu nous pardonne ! Dieu nous Aime !

Je pardonne, j'aime et je suis libre, heureux/se.

Je deviens un être Pur, d'Amour, de Paix, d'Harmonie.

L'Amour et la Paix, la Paix et la Joie dans notre foyer.

C'EST VRAI ! C'EST VRAIMENT AINSI LE VRAI BONHEUR !

C'est Formidable ! C'est Merveilleux ! L'Amour réciproque est Fantastique !

J'agis donc et réagis du mieux que je le peux pour protéger notre couple. Pour le déroulement et le résultat, je m'en remets à Dieu Tout-Puissant par qui les obstacles disparaissent et la vie se poursuit harmonieusement dans le bon sens, avec succès.

« Merci SEIGNEUR, dès maintenant et pour toujours ! » (Ps 113.2)

« Mon âme, bénis l'Éternel, et n'oublie aucun de ses bienfaits ! » (Ps 103.2)

Au nom de Jésus Christ ! Ici, maintenant, et pour toujours, Gloire au Père, Gloire au Fils, Gloire au Saint-Esprit. Honneur et Respect aux Membres des Forces du Bien. Amen. Amen. Amen.

Manifeste pour le Bien-Être et l'Équilibre Conjugal

(Pour faire renaître le bonheur dans son foyer)

J'Accepte Joyeusement la Paix et le Bonheur dans Notre Demeure. Amen.

L'amour divin rejaillit toujours pour ceux et celles qui le recherchent.

Je me relie donc volontairement à l'Intelligence divine qui est en toi et, ensemble, nous œuvrons pour te conseiller, te guider vers une meilleure voie, afin de rétablir l'Harmonie, la Sécurité et le Bonheur dans notre foyer.

Ce Bonheur se manifeste par une meilleure écoute et une meilleure entente entre nous.

Raison pour laquelle je souhaite que notre amour soit revitalisé par l'Esprit d'Amour, de Paix et de Joie qui anime les unions paisibles, les solidifie et rend les couples solidaires.

Je souhaite que tout aille au mieux par l'Esprit d'Amour, de Paix et de Joie que j'invoque dans notre foyer pour notre bien-être, ainsi que pour l'évolution harmonieuse et constructive de notre descendance.

Je rends grâce et j'accepte joyeusement la Paix et le Bonheur dans notre demeure dès maintenant.

J'agis donc et réagis du mieux que je le peux pour protéger notre couple. Pour le déroulement et le résultat, je m'en remets à Dieu Tout-Puissant par qui les obstacles disparaissent et la vie se poursuit harmonieusement dans le bon sens, avec succès, honorant ainsi son saint nom, et celui de son Merveilleux Saint Fils, Jésus Christ.

« Merci SEIGNEUR, dès maintenant et pour toujours ! » (Ps 113.2)

Au nom de Jésus Christ ! Ici, maintenant, et pour toujours, Gloire au Père, Gloire au Fils, Gloire au Saint-Esprit. Honneur et Respect aux Membres des Forces du Bien. Amen. Amen. Amen.

Prière pour la Réussite des Œuvres entreprises et aussi pour les Enfants

Dieu l'Éternel me Donne le Pouvoir d'Aller Plus Haut ! Amen.

Ta grâce me touche, ô Père Éternel, mon Dieu !

Et ton amour me transforme complètement !

Que c'est merveilleux ! Oui quelle merveille !

Plus j'avance vers toi, plus tu viens à moi !

Et plus tu me combles de tes surprenantes merveilles !

Tu me caresses de tes douceurs, et tu me ressources en douceur !

Tu me pousses et me donnes le pouvoir d'aller très haut. MERCI.

Je réalise que tu es Amour, Tendresse, Douceur et Soutien pour moi.

Tu m'as arrosé/e tel une graine, une plante, maintenant je souhaite produire d'abondants fruits que tu es en droit d'attendre de moi. Moi l'une de tes nouvelles terres, je te manifeste ma reconnaissance pour avoir su me fertiliser avec tant de grâces.

Et je te supplie, ô toi le Maître des moissons, qu'il te plaise de faire de mon champ une vaste récole réjouissante.

Qu'il te plaise de faire de ma récolte un nouveau vaste champ au profit des générations futures à travers les âges.

Dans ce sens, je te supplie encore, ô Père Éternel, mon Dieu, de fertiliser et préserver les œuvres que tu m'as laissé la grâce de réaliser.

Je te supplie également de bénir, protéger et aider ma descendance, de génération en génération à travers les âges, afin que mon passage dans ce monde soit à tes yeux comme une jolie fleur, et mes actes à tes oreilles comme un écho mélodieux, même à travers les âges.

« Merci SEIGNEUR, dès maintenant et pour toujours ! » (Ps 113.2)

« Mon âme, bénis l'Éternel, et n'oublie aucun de ses bienfaits ! » (Ps 103.2)

Au nom de Jésus Christ ! Ici, maintenant, et pour toujours, Gloire au Père, Gloire au Fils, Gloire au Saint-Esprit. Honneur et Respect aux Membres des Forces du Bien. Amen. Amen. Amen.

Prière pour Favoriser une Vie Familiale Épanouissante

Dieu l'Éternel Remplit Mon Cœur et Comble Ma Vie ! Amen.

Père Éternel, mon Dieu, mon Créateur !

Tu remplis mon cœur de joies essentielles et tu combles ma vie.

J'ouvre mes coffres et j'admire d'innombrables trésors que tu y as entreposés !

Au premier regard, je vois mon conjoint, je déplace le regard et je vois mes enfants !

Quelles merveilles ! Chacun d'eux est comme une caverne des merveilles !

Puis, je lève les yeux et je vois les richesses qui nous entourent !

Vraiment, Père Éternel, mon Dieu, mon Créateur, tu es magnifique !

C'est toi le Meilleur des meilleurs de tous mes trésors !

Oui, c'est bien toi ! Car c'est toi la Source de tous mes trésors !

Raison pour laquelle je te prie en te suppliant de protéger, aider et bénir chaque membre de ma famille, afin que de génération en génération à travers les âges, les membres de ma famille restent proches de toi par des actes et attitudes qui te réjouissent le cœur, honorent ton saint nom, et celui de ton Merveilleux Saint Fils, Jésus Christ.

« Merci SEIGNEUR, dès maintenant et pour toujours ! » (Ps 113.2)

« Mon âme, bénis l'Éternel, et n'oublie aucun de ses bienfaits ! » (Ps 103.2)

Au nom de Jésus Christ ! Ici, maintenant, et pour toujours, Gloire au Père, Gloire au Fils, Gloire au Saint-Esprit. Honneur et Respect aux Membres des Forces du Bien. Amen. Amen. Amen.

Prière d'Action de Grâce pour Réalisation de Projets et Souhaits

(Pour tenir bon et aller jusqu'au bout avec succès)

Il me Suffit d'en Faire Part à Dieu l'Éternel et de Faire ma Part. Amen.

Père Éternel, mon Dieu, mon Créateur !

C'est toujours vers toi que je reviens prendre appui, ou me régénérer.

C'est vers toi que je reviens chercher des réponses et des solutions à mes préoccupations.

Car c'est toi mon Dieu, et c'est toi le Très-Haut, le Tout-Puissant, depuis le commencement.

Lorsque je désire quelque chose, je me tourne vers toi, et je t'en fais la demande. Car tu vois tout, tu peux tout et tu sais ce qui me convient. Il me suffit de t'en faire-part et de faire ma part !

Alors, ô Père Éternel, je me tourne vers toi et t'adresse ma prière.

Je t'en supplie ! Donne à mes yeux une vision saine et parfaite, pour continuer à admirer tes splendeurs.

Je t'en supplie ! Donne à mon être un corps sain et vigoureux, guéris-moi de ce qui m'immobilise, délivre-moi de ce qui me détourne, et aide-moi à œuvrer efficacement dans le bon sens.

Je t'en supplie ! Donne à mon esprit le pouvoir sur mes pulsions égocentriques, et d'accomplir des merveilles.

Et encore, ô Père Éternel ! Je t'en supplie ! Je t'en supplie ! Donne aux membres de ma descendance les dons et grâces nécessaires pour exécuter efficacement leurs tâches et leurs missions, et jouir d'une existence accomplie, signe de ta perpétuelle présence à travers les âges.

Je t'en supplie ! Je t'en supplie ! Donne leur également la santé du corps et de l'esprit, une longue et belle vie, ainsi que la grâce d'être proches de toi.

À tous les membres de mes familles, de génération en génération à travers les âges, Père Éternel, mon Dieu, je t'en supplie ! Je t'en supplie ! Donne de larges faveurs et grâces, signe d'une existence satisfaisante placée sous ta bienveillance.

Enfin, ô Père Éternel, mon Dieu, je t'en supplie ! Je t'en supplie ! Renouvelle à toute ta création ta bénédiction. Daigne la combler de la grâce d'être animée par une fervente foi en toi de génération en génération à travers les âges.

Pour tous ces dons, pour toutes ces grâces, Père Éternel, mon Dieu, mon Créateur, je te manifeste ma reconnaissance, et souhaite que respect et reconnaissance te soient davantage manifestés dans ce monde de génération en génération à travers les âges. C'est très bien ainsi.

« Merci SEIGNEUR, dès maintenant et pour toujours ! » (Ps 113.2)

« Mon âme, bénis l'Éternel, et n'oublie aucun de ses bienfaits ! » (Ps 103.2)

Au nom de Jésus Christ ! Ici, maintenant, et pour toujours, Gloire au Père, Gloire au Fils, Gloire au Saint-Esprit. Honneur et Respect aux Membres des Forces du Bien. Amen. Amen. Amen.

Prière pour Préserver l'Union Familiale ou une Bonne Relation

Dieu l'Éternel Fait de Moi un Être Attentionné à ce qu'il M'a Confié. Amen.

Éternel, ô Père Éternel, mon Dieu, mon Créateur !

Sauf s'il le faut, tu ne reprends point ce que tu as offert à tes enfants.

Tu ne reprends pas ce que tu confies à tes créatures tant qu'elles en ont besoin. À moins de les préparer à une autre merveille, ou qu'elles en détournent l'attention, et que la belle acquisition se volatilise laissant hagard par manque d'attention.

Alors, ô Éternel, mon Dieu ! Je t'en prie ! Vois mon cœur, vois mon être et sonde aussi mon esprit.

Au fond de moi, je ne veux tout de même pas jouer les troubles fêtes à ma fête !

Alors, je t'en supplie ! Purifie-moi et anime-moi, ô Éternel, mon Dieu, mon Créateur, anime-moi de ta sagesse, et remplis-moi d'amour et de patience pour les êtres que tu as daigné me confier.

Et encore, ô Père Éternel ! Je t'en supplie, anime-moi d'attention pour mes bonnes relations.

Alors, je retrouverai mes repères, et serai pour eux une source de soutien et d'espoir, une source de paix, de confiance, d'encouragement et d'épanouissement.

Telle est, je le sais, ta volonté pour moi à leur égard. Et tel est, tu le sais, mon souhait à leur égard.

Amen, je me réjouis de te manifester ma reconnaissance ô Père Éternel, mon Dieu, mon Créateur, toi qui as le pouvoir d'animer mon être tout entier.

Raison pour laquelle je te prie en te suppliant de protéger, aider et bénir chaque membre de ma famille, afin que de génération en génération à travers les âges, les membres de ma famille restent proches de toi par des actes et attitudes qui te réjouissent le cœur, honorent ton saint nom, et celui de ton Merveilleux Saint Fils, Jésus Christ.

« Merci SEIGNEUR, dès maintenant et pour toujours ! » (Ps 113.2)

« Mon âme, bénis l'Éternel, et n'oublie aucun de ses bienfaits ! » (Ps 103.2)

Au nom de Jésus Christ ! Ici, maintenant, et pour toujours, Gloire au Père, Gloire au Fils, Gloire au Saint-Esprit. Honneur et Respect aux Membres des Forces du Bien. Amen. Amen. Amen.

Prière pour ne pas Délaisser les Siens Face aux Douceurs Divines

(Pour préserver l'amour familial face à la saveur spirituelle)

A Chaque Membre de ma Famille, Sa Place Irremplaçable. Amen.

Père Éternel, mon Dieu, mon Créateur !

Tu connais ma dévotion pour toi, et tu connais mon amour pour toi.

Tu m'as confié une famille, que j'aime tendrement, également.

Alors ô Père Éternel, mon Dieu, mon Créateur, je souhaite que mon amour pour toi ne m'éloigne jamais d'eux, tout comme mon amour pour eux ne pourra jamais m'éloigner de toi !

Daigne, je te prie, accorder à chaque membre de ma famille les grâces dont il a besoin.

Et que l'harmonie, par temps de joie ou autre, règne dans notre famille.

Et encore, ô Père Éternel, mon Dieu, je t'en supplie ! Aide-moi à rassembler ma petite famille à l'image des doigts de la main, où chaque doigt tient bien sa place irremplaçable.

Enfin, ô Père Éternel, mon Dieu, je te prie et t'en supplie ! Aide-nous à toujours trouver le moyen de nous réconcilier en cas de désaccord, et à avoir la joie de nous retrouver, manifestant ainsi le pouvoir de ma foi en toi et de ton amour pour moi.

Raison pour laquelle je te prie en te suppliant de protéger, aider et bénir chaque membre de ma famille, afin que de génération en génération à travers les âges, les membres de ma famille restent proches de toi par des actes et attitudes qui te réjouissent le cœur, honorent ton saint nom, et celui de ton Merveilleux Saint Fils, Jésus Christ.

« Merci SEIGNEUR, dès maintenant et pour toujours ! » (Ps 113.2)

Demander l'Appui des Personnes transformés par la foi en Dieu et en Jésus Christ

C'est le moyen direct et simple à votre portée,
pour décupler la chance d'être exaucé dans vos justes demandes.

Prière à Saint Jean-Paul II pour Amélioration de la Situation Personnelle

Que par votre Intercession, Tout S'arrange Merveilleusement et que J'en Témoigne. Amen.

Saint Pape Jean-Paul II ! Vénérable Médiateur !

Je vous salue et vous dis merci beaucoup.

Je ne puis imaginer combien de fois vous avez prié Dieu le Père Éternel en faveur de l'humanité. Mais je sais maintenant que, par vos œuvres, vous êtes encore plus proche de Dieu l'Éternel et davantage du Seigneur Jésus Christ.

J'espère que vous plaidez davantage en faveur de vos souhaits pour l'humanité.

Raison pour laquelle j'espère que vous êtes attentif à ma situation, et souhaite humblement que la grâce divine, par votre intercession, se manifeste en ma faveur et poru les fidèles faisant appel à vous.

D'ores et déjà, je dis à mon cœur, soit en paix ! Car par l'intercession du Saint Pape Jean-Paul II, je souhaite qu'il se passe quelque chose de bon et d'utile pour alimenter la ferveur de la foi chrétienne.

Alors, avec foi et joie, je vous dis merci beaucoup Saint Pape Jean-Paul II, divin Médiateur.

Je souhaite que le Père Éternel, Dieu Tout-Puissant, bénisse vos interventions passées, actuelles, et futures.

Qu'il bénisse et fasse préserver vos bonnes œuvres du temps passé,

afin que des témoignages de vos œuvres traversent les âges de génération en génération.

Quant à moi, je vous dis encore merci beaucoup pour tout le temps que vous avez consacré au service de Dieu, au nom du Seigneur Jésus Christ, pour le bien de l'humanité dont je fais partie.

Surtout je remercie le SEIGNEUR, Dieu le Père Éternel, qui vous donne le pouvoir d'intervenir efficacement. Et je remercie le Seigneur Jésus Christ pour vous avoir appelé à sa suite. Je remercie également la Sainte Vierge Marie pour avoir veillé sur vous durant toute votre vie dans ce monde.

Au nom de Jésus Christ ! Ici, maintenant, et pour toujours, Gloire au Père, Gloire au Fils, Gloire au Saint-Esprit. Honneur et Respect aux Membres des Forces du Bien. Amen. Amen. Amen.

Prière à l'Abbé Pierre pour Sortir de la Misère ou de la Pauvreté

La Paix ! Tout Va S'arranger ! La Paix ! Amen.

Abbé Pierre ! Humble Ambassadeur des pauvres ! Je vous salue !

Dans ce monde, vous avez œuvré avec amour et passion !

Vous avez œuvré pour combattre la misère et la pauvreté, vous consacrant à Dieu l'Éternel à travers l'amour du prochain !

Abbé Pierre ! Par votre foi et vos œuvres, vous avez reçu l'ascension !

Désormais, plus près de Dieu l'Éternel, et davantage proche du Seigneur Jésus Christ, je souhaite que vos œuvres rayonnent davantage !

Abbé Pierre ! Humble Ambassadeur des pauvres et des affligés !

Je souhaite qu'au nom du Seigneur Jésus Christ, Dieu l'Éternel fertilise davantage vos interventions dans ce monde, afin qu'elles produisent davantage de bons fruits, signe de la grâce divine sur vous, manifestée par le faite que quiconque vous invoque sincèrement avec foi, voit sa situation s'améliorer.

Dans ce sens, par votre intercession, je souhaite que ma situation s'améliore significativement, et que je puisse témoigner avec force, moi aussi, de vos merveilles.

D'ores et déjà mon cœur me dit : « *la paix ! Tout va s'arranger ! La paix* ! »

Alors, je m'active avec foi et persévérance pour voir l'accomplissement de cet encourageant message.

Et je dis à mon âme : bénis Dieu l'Éternel qui fait honneur à l'Abbé Pierre, Ambassadeur des pauvres et des affligés.

Merci pour tout cela, Humble Ambassadeur des pauvres, Abbé Pierre.

Prière à l'Ange Gardien Personnel pour la Réussite

À Mon Fidèle Ange Gardien. Amen.

Ô toi mon Ange gardien ! Je te remercie infiniment pour tes divines interventions pour moi.

Je m'adresse encore à toi pour solliciter ton aide, ton assistance.

Tu connais mes préoccupations, tu sais ce qui m'accapare et assombrit mon équilibre.

Et tu sais qu'« un ventre affamé n'a point d'oreilles ». Alors mon ange gardien, mon fidèle ami au quotidien, aide-moi à mieux diriger mes affaires et à les faire prospérer, afin que je jouisse d'une existence évolutive dans le bon sens.

Je sais que depuis mon enfance, tu cherches la meilleure façon de m'aider à bien mener ma vie.

Je souhaite que tu m'aides à comprendre ce que je dois faire pour réussir ma vie matérielle et spirituelle.

Surtout, apaise-moi, rassure-moi, et fais-moi découvrir la volonté de Dieu l'Éternel à mon égard. Et, afin que je ne m'en éloigne pas, apprends-moi à la comprendre et à l'appliquer efficacement.

Ainsi, je continuerai mon chemin en réalisant mes projets et en accomplissant mes missions sans m'écarter du droit chemin.

Et toi, tu atteindras ton objectif, qui justifie ta présence à mes côtés, et tu connaîtras l'évolution que connaissent les anges et êtres de lumière concourant à la protection et au perfectionnement des êtres en voie d'évolution.

Merci mon ange.

Et *« Merci SEIGNEUR, dès maintenant et pour toujours ! »* (Ps 113.2)

Prière d'Action de Grâce aux Alliés Divins pour la Réussite dans le bon Sens

Je Fais Appel à Mes Puissants Divins Alliés. Amen.

Anges gardiens des êtres humains et leurs biens, Saints et Saintes, vous, les Ministres de Dieu le Père Éternel !

Saint Joseph, Saint Servais, Saint Antoine de Padoue, Saint Ambroise, Sainte Anne, Sainte Geneviève, Sainte Rita, Sainte Thérèse de Lisieux, Saint/e _____ (citer d'autres saints et saintes, le saint ou la sainte de jour également), vous les Forces du Bien, alliées de la Nouvelle Alliance ;

Ô frères et sœurs aînés dans la foi en Dieu et en Jésus Christ ! Vous qui faites partie des êtres divinement évolués, votre soutien et vos interventions nous sont précieuses.

Vous connaissez nos préoccupations, et vous avez les moyens, ainsi que les méthodes nous permettant de résoudre nos problèmes, de trouver les bonnes réponses à nos questions et de réussir sans nous écarter de la Volonté de Dieu.

Au nom de Jésus Christ, je vous invoque humblement et vous prie de nous aider, car vous en avez le pouvoir et les moyens, puisque Dieu l'Éternel, le Père-Créateur vous a remplis de multiples dons pour faire régner le bien et faciliter l'accès d'êtres en voie d'évolution du côté des Forces du Bien.

Voilà pourquoi, humblement, je vous appelle et vous prie de nous aider à réussir ce que nous entreprenons dans le bon sens, sans trop tarder. Car vous le savez ! Le temps passe trop vite ici pour nous les êtres humains.

Quant à moi, j'agis et réagis du mieux que je le peux et je vous prie de m'aider à mieux construire ma vie, à mieux diriger mes actes.

Ô vous qui œuvrez toujours dans le sens du bien, je vous prie humblement de recevoir favorablement mes prières. Et d'en faire selon la volonté de

Dieu, car je suis persuadé que vous en ferez ce qu'il y a de mieux tant sur le plan matériel que spirituel.

Humblement, je vous remercie pour toutes vos divines interventions.

Et je dis : *« Merci SEIGNEUR, dès maintenant et pour toujours ! »* (Ps 113.2)

« Mon âme, bénis l'Éternel, et n'oublie aucun de ses bienfaits ! » (Ps 103.2)

Au nom de Jésus Christ ! Ici, maintenant, et pour toujours, Gloire au Père, Gloire au Fils, Gloire au Saint-Esprit. Honneur et Respect aux Membres des Forces du Bien. Amen. Amen. Amen.

Prière d'Action de Grâce au Christ pour Attirer les Dons de l'Esprit Saint

(Sur les personnes diffusant de la Bonne Nouvelle)

« N'ayez pas peur, je m'en vais chez le Père et je vous envoie l'Esprit Saint. » Amen.

Seigneur Jésus Christ, ô Seigneur !

Avant de partir, pris de pitié pour tes disciples que tu laissais derrière, tu leur as dit : *« N'ayez pas peur, je m'en vais chez le Père, et je vous envoie l'Esprit Saint. »* (Jean 15.26; Luc 24.49)

Mais vu la tournure des évènements, ils eurent peur et s'étaient cachés.

Ô Seigneur Jésus, tu as tenu ta promesse ! Tu as envoyé l'Esprit Saint sur chacun d'eux. Alors, ils furent remplis de force et de courage pour propager la Bonne Nouvelle.

Ô Seigneur Jésus, les œuvres qu'ils furent émerveillent encore et témoignent du Pouvoir de ta Parole. Tu as vraiment tenu ta promesse. Merci Seigneur.

Ô Seigneur Jésus, tes disciples de la présente génération s'activent pour continuer ton Œuvre, et ils ont besoin de ton aide pour tenir bon et réussir.

C'est pourquoi je te prie d'avoir pitié d'eux et de leur envoyer l'Esprit Saint, afin que soit accomplie, encore aujourd'hui, ta Parole de vérité. Toi par eux, et eux par toi, pour des œuvres étonnantes fertilisant la foi chrétienne à travers le monde, de génération en génération.

« Merci SEIGNEUR, dès maintenant et pour toujours ! » (Ps. 113 2)

« Mon âme, bénis l'Éternel, et n'oublie aucun de ses bienfaits ! » (Ps 103.2)

Prière au Christ pour Atteindre les Bons Objectifs

(Également contre le laisser aller)

Seigneur Jésus Christ ! Éternellement Paix, Amour !
Éternellement Honneur et Gloire !

Seigneur Jésus Christ, tu as dit : « *Celui qui croit en moi, fera aussi les œuvres que je fais, et il en fera de plus grandes.* » (Jean 14.12).

Animé d'une telle information, je te prie humblement de m'indiquer ma voie, me faire comprendre ce que tu attends de moi, et m'aider à l'accomplir avec succès.

Oui, tout comme tu avais choisi tes apôtres, les as assistés et soutenus jusqu'au bout. De même que tu as interpellé Saint Paul en lui indiquant clairement ta volonté. Comme Saint Paul, également, je te prie de me faire comprendre ce que je dois faire pour accomplir ma mission, réaliser mes œuvres, et honorer le nom de Dieu l'Éternel, tout en jouissant dignement des merveilles à ma disposition.

Humblement, je te prie de renforcer ma confiance en toi, et aux Forces du Bien, et je t'implore de m'aider à tenir bon quelles que soient les épreuves sur mon parcours.

Quant à moi, je souhaite agir avec persévérance et foi, en attendant le don de l'Esprit Saint, pour atteindre dignement mes objectifs, manifestant ainsi, en ton saint nom, la Grâce de Dieu sur moi.

« *Merci SEIGNEUR, dès maintenant et pour toujours !* » (Ps 113.2)

« *Mon âme, bénis l'Éternel, et n'oublie aucun de ses bienfaits !* » (Ps 103.2)

Au nom de Jésus Christ ! Ici, maintenant, et pour toujours, Gloire au Père, Gloire au Fils, Gloire au Saint-Esprit. Honneur et Respect aux Membres des Forces du Bien. Amen. Amen. Amen.

Remerciements

C'est le moyen direct et simple à votre portée,
pour manifester votre sincère reconnaissance et motiver la grâce d'être mieux
écouté, et exaucé dans vos justes demandes.

Prière de Remerciement, pour la volonté et la persévérance

J'aimerais également Réaliser de Grandes Œuvres. Amen.

En contemplant tes œuvres, je m'émerveille et dis :

J'aimerais également réaliser de grandes œuvres dans ma vie, pour donner à mon existence une valeur ajoutée, une raison motivée.

Aussitôt, je me mets à l'œuvre avec persévérance et foi, me rappelant qu'il écrit :

« Celui qui croit en moi, fera aussi les œuvres que je fais, et il en fera de plus grandes. » (Jean 14.12)

Car il est vrai que quiconque poursuit sa route en persévérant dans le bon sens, renforce la probabilité d'en voir le bout.

Tu m'as béni et tu bénis mon travail, tu m'exauces au-delà de mes attentes. J'admire la récompense que tu m'offres et me souviens justement qu'il est dit :

« Tout travail mérite salaire … rendez à l'empereur, ce qui est à l'empereur. » (Marc 12.17)

Je comprends que le SEIGNEUR approuve la récompense et le dû.

Je te remercie pour toutes les merveilles que tu m'accordes, et la volonté que tu animes en moi de continuer à œuvrer, pour contribuer à conduire, moi aussi, ta création vers la perfection.

C'est ainsi que mon existence acquière une valeur ajoutée, une raison motivée.

« Merci SEIGNEUR, dès maintenant et pour toujours ! » (Ps 113.2)

Toutefois, pour m'éviter de m'éloigner de toi, pour m'éviter de faire n'importe quoi, je te prie et te supplie ô Dieu Père Éternel, mon Créateur, de me protéger, m'accorder l'esprit de sagesse, et m'aider à agir et réagir avec succès dans le bon sens, honorant ainsi ton saint nom, et celui de ton Merveilleux Saint Fils, Jésus Christ.

« Mon âme, bénis l'Éternel, et n'oublie aucun de ses bienfaits !» (Ps. 103.2)

Au nom de Jésus Christ ! Ici, maintenant, et pour toujours, Gloire au Père, Gloire au Fils, Gloire au Saint-Esprit. Honneur et Respect aux Membres des Forces du Bien. Amen. Amen. Amen.

Prière pour Favoriser l'Aboutissement de sa Mission Terrestre

Le Tout Puissant Mise Continuellement Sur Moi. Amen.

Je te remercie pour la mission que tu m'as confiée.

Je te remercie pour tous les dons que tu as placés en moi.

Je te remercie pour tous les moyens que tu as mis à ma disposition.

Je te remercie pour la collaboration que tu as placée sur mon chemin.

Je te remercie pour les joies et satisfactions dont tu me fais bénéficier.

Je te remercie pour toutes ces personnes qui me témoignent leur reconnaissance et/ou me manifestent de l'affection.

Je te remercie pour la force, la santé, la persévérance que tu entretiens en moi.

Je te remercie de miser continuellement sur moi.

Et vous mes fidèles alliées, vous les Forces du Bien, qui œuvrez merveilleusement, je vous remercie pour votre aide, qui me pousse toujours plus haut.

Que pourrais-je demander de plus, moi qui ai pris conscience de l'infinie largesse de la Source divine ! Si ce n'est de demeurer fidèle ami et allié du système d'arrosages divins, pour diffuser amplement, à mon tour et partout où je le peux, les merveilles de la Source divine.

« Merci SEIGNEUR, dès maintenant et pour toujours ! » (Ps 113.2)

« Mon âme, bénis l'Éternel, et n'oublie aucun de ses bienfaits ! » (Ps 103.2)

Au nom de Jésus Christ ! Ici, maintenant, et pour toujours, Gloire au Père, Gloire au Fils, Gloire au Saint-Esprit. Honneur et Respect aux Membres des Forces du Bien. Amen. Amen. Amen.

Prière d'Action de Grâce en Temps de Joie et de Paix

Qu'il est Bon de Rendre Grâce. Amen.

Car il est bon de savoir rendre grâce lorsque tout va bien.

Oui, il est bon de manifester les sentiments de joie et de plénitude envers Dieu l'Éternel pour tous ses bienfaits.

Il est bon de manifester les sentiments de reconnaissance envers nos médiateurs et médiatrices pour leurs aides.

En effet, j'ai invoqué Dieu l'Éternel, et il m'a répondu. J'ai prié Dieu l'Éternel, et il m'a exaucé avec largesse.

J'ai demandé l'aide des saints, des saintes, des anges, des archanges, Forces du Bien, mes alliées. Ils ont intercédé en ma faveur, ils ont œuvré afin que tout rentre dans le bon ordre, et que je sois en paix.

Je remercie le Père l'Éternel, mon Dieu ! Je remercie les Forces du Bien, mes fidèles alliées et notamment : (Citer les noms des saints et saintes que vous avez priés)

Bien entendu, je remercie mon ange gardien qui ne manque pas un instant de me soutenir, et d'être mon guide dans cet univers.

Car il est bon de savoir rendre grâce lorsque tout va bien. Oui, il est bon de manifester des sentiments de joie et de plénitude envers Dieu le Père et envers nos bienfaiteurs et bienfaitrices.

Vous, mes alliés, soyez bénis. Vous qui œuvrez pour la paix et le bien-être, soyez bénis pour toujours. Je vous manifeste mon respect et ma reconnaissance. Honneur à vous, éternellement.

Moi, je suis dans la joie et la paix fait briller mon être. Elle me fait oublier mes tracas, mes périodes difficiles. Elle me ravive.

C'est si doux, si agréable le doux parfum de la joie.

Et c'est de vous, les Forces du Bien, mes puissantes alliées, que je tire ces privilèges.

Alors je souhaite que ces instants merveilleux restent gravés dans ma conscience, afin que, par temps de joie ou d'épreuve, je me souvienne de la bonté de Dieu l'Éternel, et du dévouement des Forces du Bien.

« Merci SEIGNEUR, dès maintenant et pour toujours ! » (Ps 113.2)

« Mon âme, bénis l'Éternel, et n'oublie aucun de ses bienfaits !» (Ps. 103 2)

Au nom de Jésus Christ ! Ici, maintenant, et pour toujours, Gloire au Père, Gloire au Fils, Gloire au Saint-Esprit. Honneur et Respect aux Membres des Forces du Bien. Amen. Amen. Amen.

Prière de Remerciement, après une demande exaucée

Ce Jour-là, je pourrai dire : C'est au-delà de mes Attentes ! Merci !

Je contemple tes œuvres et je m'émerveille !

Car tu m'as exaucé harmonieusement, au-delà de mes attentes.

Par ce don, ma foi est renouvelée, ma confiance renforcée.

Je m'épanouis, je suis en paix, comblé, car tu m'as exaucé.

Tu m'accordes, avec largesse, ce qu'il y a de mieux pour moi.

Et je reviens vers toi, heureux/se et joyeux/se.

Comme un enfant au jour de fête, mon cœur chante d'allégresse.

Je te bénis et te manifeste ma fervente reconnaissance.

Toi, mon Dieu, tes largesses surprennent toujours.

Alors, *« je te remercie pour ton amour et ta fidélité. Oui, tu as tenu tes promesses au-delà de ce que nous attendions de toi. »* (Ps 138.2)

« Merci SEIGNEUR, dès maintenant et pour toujours ! » (Ps 113.2)

« Mon âme, bénis l'Éternel, et n'oublie aucun de ses bienfaits !» (Ps. 103 2)

Quant à toi, ma tête, souviens-toi du Seigneur Jésus Christ, de ses Signes et de son Merveilleux Enseignement.

Justement, au nom de Jésus Christ ! Ici, maintenant, et pour toujours, Gloire au Père, Gloire au Fils, Gloire au Saint-Esprit. Honneur et Respect aux Membres des Forces du Bien. Amen. Amen. Amen.

Conclusion & Intercessions

Conclusion de la Prière en Temps d'Épreuve

Marie nous Soutient Merveilleusement, Et Dieu l'Éternel Est notre Source,
Alors, Que Je Demeure en Paix, tout ira bien. Amen. (Bis)

Au Nom du Père, et du Fils, et du Saint-Esprit (Matthieu 28.19),

et par l'intercession de la Sainte Vierge Marie, notre Bienveillante Mère Céleste !

Sagesse éternelle, Intelligence divine, Force supérieure, Puissance infinie, Pouvoir suprême, Trinité harmonieuse, Nouvelle Alliance, Source inépuisable, de laquelle je suis issu,

Par l'intercession de la Sainte Vierge Marie, notre Bienveillante Mère Céleste, je t'ai invoquée et me suis volontairement reconnecté à toi, avec confiance, afin de rester relié aux Forces du Bien en tout temps, en tout lieu et en toute circonstance ;

Par cet acte, je m'expose volontairement sous le regard bienveillant des Forces du Bien, avec toutes celles et tous ceux qui me sont chers, notamment __________ [1], ainsi que mes réalisations et mes projets, en sollicitant :

Que les Forces du Bien nous préservent de tout acte et fait nuisibles à notre équilibre.

Qu'elles nous protègent de tout péril, de tout danger, de toute conséquence néfaste d'évènements passés, présents et futurs, quelle qu'en soit l'origine ou la nature.

Qu'elles m'aident à maintenir ma mémoire éveillée, afin que je demeure conscient/e des Vérités divines et de leur importance sur le chemin de la vie.

C'est ainsi que j'arriverai à mettre en pratique les conseils me permettant de vivre dignement et d'agir efficacement avec succès dans le bon sens,

1 Citez les personnes dont vous souhaitez faire bénéficier de votre prière.

honorant ainsi le nom de Dieu le Père-Créateur de toute chose, et celui de son Merveilleux Saint Fils, Jésus Christ notre Sauveur-Libérateur.

« Merci SEIGNEUR, dès maintenant et pour toujours ! » (Ps. 113.2)

Au nom de Jésus Christ ! Ici, maintenant, et pour toujours, Gloire au Père, Gloire au Fils, Gloire au Saint-Esprit. Honneur et Respect aux Membres des Forces du Bien. Amen. Amen. Amen.

Marquer une pause.

Et poursuivre par les pages ci-après.

Prière Notre Père,
pour nous les êtres ordinaires

« Notre Père qui es aux cieux.

Que ton nom soit sanctifié.

Que ton règne, règne.

Que ta volonté soit faite sur la terre comme au ciel. »

Père Céleste, mon Dieu ! Je t'en prie ! Je t'en prie !

Aide-nous à gagner dignement *notre pain quotidien* et tout ce dont nous avons besoin.

Pardonne-nous nos offenses… » et donne-nous la force de pardonner, comme toi-même tu nous pardonnes.

Et encore, ô mon Dieu ! Je t'en prie ! Je t'en prie ! Aide-nous à ne point succomber à la tentation, et délivre-nous de tout mal.

Humblement, je t'en supplie ! Je t'en supplie ! En tout temps, en tout lieu et en toute circonstance, garde-nous sous ta protection et inspire-nous, nous permettant ainsi d'agir efficacement avec succès dans le sens dont tu peux être fier, de même que ton Merveilleux Saint Fils, Jésus Christ.

« Merci SEIGNEUR, dès maintenant et pour toujours ! » (Ps. 113.2)

Saint/e _______, (citer le saint ou la sainte du jour)

Je vous salue et vous remercie pour votre foi et pour vos bonnes œuvres. Et vous prie de bien vouloir m'aider à _______ (préciser votre souhait). Merci. Merci. Béni soyez-vous pour toujours. Amen.

Au nom de Jésus Christ ! Ici, maintenant, et pour toujours, Gloire au Père, Gloire au Fils, Gloire au Saint-Esprit. Honneur et Respect aux Membres des Forces du Bien. Amen. Amen. Amen.

Prière Je Vous Salue Marie !
Avec reconnaissance pour ses bienfaits

« Je vous salue Marie !

Pleine de grâce !

Le SEIGNEUR est avec vous, vous êtes bénie pour toujours.

Et Jésus le fruit de vos entrailles est béni pour toujours.

Sainte Marie, mère » du Christ !

Je reconnais que vous intercédez pour nous, je vous en remercie; je reconnais également que vous opérez beaucoup de miracles en notre faveur, je vous en remercie. Pour tout cela, je vous manifeste ma sincère reconnaissance.

Et vous prie, ô Sainte Bienveillante Mère Céleste, de continuer à nous aider à sortir merveilleusement de toute situation préoccupante et à évoluer en paix; de continuer à nous aider à agir efficacement et paisiblement, pour transformer harmonieusement nos vies, honorant ainsi le nom de Dieu et celui de votre Saint divin Fils, Jésus Christ.

Et encore, ô Sainte Mère Céleste,

Merci pour vos interventions d'autrefois, leurs effets nous sont toujours utiles. Merci pour vos interventions actuelles, elles nous sont indispensables. Merci pour vos interventions futures, elles génèrent l'espoir d'un avenir meilleur dans ce monde.

Par vos nombreux miracles à travers le monde, je souhaite que tout s'arrange bien. Amen.

« Mon âme, bénis l'Éternel, et n'oublie aucun de ses bienfaits ! » (Ps. 103 2)

Au nom de Jésus Christ ! Ici, maintenant, et pour toujours, Gloire- au Père, Gloire au Fils, Gloire au Saint-Esprit. Honneur et Respect aux Membres des Forces du Bien. Amen. Amen. Amen.

EXODE : Chapitre 29
Avec Décryptage & Compréhension

Vous savez qu'en étant davantage sincèrement proche de Dieu, il sera davantage proche de vous !

Et vous le savez ! Si Dieu est de votre côté, cela fait une différence extraordinaire, qu'on le veuille ou non.

Pour arriver à ressentir cette différence-là, il est bon de prendre la bonne habitude de chercher à comprendre la Parole de Dieu. Elle est indispensable pour être davantage proche de Dieu et de mener une vie réjouissante et bien plus encore.

Pourquoi ? Parce qu'elle contient déjà toutes les réponses que vous vous posez. Elle donne toutes les solutions que vous êtes en droit de chercher.

Dans ce sens, vous trouverez ci-après le chapitre 29 du Livre de l'EXODE.

Il s'agit là de textes et explications destinés à vous éclairer et à renforcer votre pouvoir de mieux agir pour vivre mieux et rendre sacré votre temps de présence dans ce monde.

Pour cela, après votre prière, il vous suffit d'ouvrir par providence une des pages ci-après. Ensuite lire la page de gauche et de droite, et terminer par les Messages d'Exode du même chapitre.

Je souhaite que Dieu vous protège et vous aide à être
et demeurer davantage proche de Lui,
afin qu'il soit et demeure davantage proche de vous avec plaisir.

EXODE 29

Exode 29.1 à 29.37 :
La consécration des prêtres

Texte littéral[1]

29.1 « Voici comment tu procéderas pour consacrer Aaron et ses fils comme prêtres à mon service : « Tu choisiras un taureau et deux béliers sans défaut.

29.2 Avec de la farine de blé, tu prépareras des pains sans levain, des gâteaux sans levain, faits à l'huile sans levain, et des galettes sans levain arrosées d'huile.

29.3 Tu les mettras dans un panier et tu les présenteras dans le lieu saint avec le taureau et les deux béliers.

29.4 « Tu conduiras Aaron et ses fils à l'entrée de la tente de la rencontre et tu leur feras prendre un bain pour se rendre pur.

29.5 Puis tu revêtiras Aaron de ses habits sacrés : tunique, robe, éfod et pectoral, et tu noueras la ceinture de l'éfod autour de la taille.

29.6 Tu poseras le turban sur sa tête et tu fixeras l'insigne sacré sur le turban.

29.7 Puis, tu prendras l'huile de consécration et tu en verseras sur sa tête pour le consacrer.

29.8 Ensuite, tu demanderas aux fils d'Aaron de s'approcher. Tu les revêtiras de leurs tuniques,

29.9 puis tu leur attacheras leurs ceintures autour de la taille et couvriras leurs têtes avec un tiare.

1 Texte intégral extrait de la Bible Parole de la vie, Alliance Biblique Universelle, et aussi AELF.

Ensuite, tu établiras Aaron et ses fils à mon service, et à partir de ce moment, ils seront prêtres pour toujours. Et voici comment tu marqueras l'entrée en fonction d'Aaron et de ses fils :

(...)

EXODE 29.1 À 29.37 : DÉCRYPTAGE & COMPRÉHENSION

Exode 29.1 à Exode 29.37 dépeint, point par point, les préparatifs de la méthode de consécration des prêtres telle que définie par Dieu et transmise à Moïse.

> 29.1 *« Voici comment tu procéderas pour consacrer Aaron et ses fils comme prêtres à mon service : « Tu choisiras un taureau et deux béliers sans défaut.*

Pour la première partie de la consécration des prêtres, Dieu commence par demander à Moïse de choisir un taureau et deux béliers sans défaut.

Il s'agit-là de bêtes à cornes, et ce n'est pas un hasard. Car les bêtes à cornes représentent aussi l'ego. L'ego est le premier adversaire de l'être humain directement logé en lui-même.

En fait, sur le plan spirituel, Exode 29 évoque d'emblée la source de nos mauvaises décisions, de nos mauvais choix et de nos échecs, même lorsque nous n'avons que les bonnes intentions au départ.

L'échec de nos bonnes intentions et bonnes résolutions vient de l'ego en nous. Car il a tendance à nous pousser à faire ce qu'il faut éviter de faire, à dire ce qu'il faut éviter de dire, à regarder ce qu'il faut éviter de regarder, à aller là où il faut éviter d'aller. Pourquoi ? Tout simplement parce que les tendances de l'ego sont formellement opposées aux tendances de l'âme.

Exode 29 laisse comprendre que pour éviter les dérives dans lesquelles l'ego veut nous entraîner, nous devons commencer par offrir notre ego en sacrifice. Cela revient à nous détourner complètement de ce qui nous pousse à dire, faire, regarder ce qu'il convient d'éviter : c'est cela sacrifier l'ego. Car en nous détournant de tout cela, nous nous élevons au meilleur niveau de conscience et agissons en âme et conscience avec efficacité et succès.

Alors oui, si vous voulez réussir votre vie matérielle et spirituelle, il est indispensable de sacrifier votre ego. Non pas pour devenir laxiste, mais pour agir dans le bon sens, de façon apaisée et mûrement réfléchie, sans précipitation tant qu'il n'y a aucune urgence.

Si en faisant de votre mieux pour agir dans le bon sens, le résultat n'est pas à la hauteur de vos espoirs, une opportunité vous conduisant au meilleur niveau, ou quelque chose de mieux pour vous se présentera à vous au bon moment.

Poursuivons par Exode 29.2 qui dépeint une scène évoquant l'importance du pain et de la douceur dans nos vies.

> 29.2 *Avec de la farine de blé, tu prépareras des pains sans levain, des gâteaux sans levain, faits à l'huile sans levain, et des galettes sans levain arrosées d'huile.*

En effet, Dieu n'omet pas le nécessaire pour préparer des pains, des galettes et gâteaux sans levain, et ce n'est pas un hasard.

En incluant d'emblée dans les préparatifs de consécration des prêtres la préparation des pains, galettes et gâteaux avec de l'huile, sans levain, Dieu laisse comprendre qu'il sait très bien que nous avons besoin du pain quotidien et des douceurs dans nos repas, sans débordement. C'est l'une des raisons pour laquelle il exclut le levain.

Le levain représente un ajout non indispensable dont le mérite est de faire gonfler artificiellement la pâte. En excluant le levain, Dieu veut nous former à préférer les actes menés sans débordement.

Dans ce sens, la scène dépeinte dans Exode 29.3 apporte la douceur au cœur d'actes barbares que la vie nous contraint à faire face.

> 29.3 *Tu les mettras dans un panier et tu les présenteras dans le lieu saint avec le taureau et les deux béliers.*

En effet, les pains, galettes et gâteaux préparés avec de l'huile sans levains, ensuite présentés dans le lieu saint avec le taureau et les deux béliers à sacrifier, rappellent aussi que la vie de l'être humain est faite de douceurs et de souffrances par lesquelles on est obligé de passer.

Toutefois, beaucoup de souffrances peuvent être évitées si nous nous efforçons pour qu'elles soient évitées.

Dans ce sens, poursuivons par Exode 29.4 qui dépeint une scène laissant comprendre comment nous pouvons éviter certaines souffrances, l'air de rien.

> [29.4] « *Tu conduiras Aaron et ses fils à l'entrée de la tente de la rencontre et tu leur feras prendre un bain pour se rendre pur.*

Pourquoi se rendre pur ? Tout simplement parce que tant sur le plan spirituel que matériel, la purification enlève ce qui est impur. Car ce qui est impur apporte la souffrance et la mort.

En se purifiant avant d'entrer dans la tente de la rencontre, Aaron et ses fils se préparent à s'approcher de Dieu, sans être rejetés à cause de l'impureté.

En fait, tant sur le plan matériel que spirituel, prendre la bonne habitude de vous rendre propre peut vous aider à éviter bon nombre de rejets et souffrances.

N'hésitez donc pas de : vous laver les mains en entrant chez vous, mais aussi avant et après le repas, prendre une bonne douche avant de monter dans votre lit. Il est aussi bon de vous rendre propre avant d'aller à la Messe. C'est signe de respect de Dieu et de sa Maison, ainsi que de vous-même d'ailleurs.

Toutes ses précautions vous aident à rester physiquement pur. Et cela peut vous éviter bon nombre de maladies, et même vous aider à attirer les ondes favorables au rayonnement, au bien-être et à la réussite.

Poursuivons par Exode 29.5 à 29.9 dont la scène laisse comprendre que les habits soigneusement stylés des personnes consacrées sont importants pour les aider à faire corps avec leurs fonctions et rôles.

> [29.5] *Puis tu revêtiras Aaron de ses habits sacrés : tunique, robe, éfod et*

pectoral, et tu noueras la ceinture de l'éfod autour de la taille.

29.6 Tu poseras le turban sur sa tête et tu fixeras l'insigne sacré sur le turban.

29.7 Puis, tu prendras l'huile de consécration et tu en verseras sur sa tête pour le consacrer.

29.8 Ensuite, tu demanderas aux fils d'Aaron de s'approcher. Tu les revêtiras de leurs tuniques,

29.9 puis tu leur attacheras leurs ceintures autour de la taille et couvriras leurs têtes avec un tiare. (...)

En revêtant Aaron et ses fils d'habits stylés garnis de symboles adéquats, Moïse en fait des hommes différents de ce qu'ils étaient auparavant, bien distincts du reste de la communauté. Il les transforme en personnages au service de Dieu. Pour le bien de la communauté, ils assurent quotidiennement la présence de Dieu à travers leur activité. En effet, la présence de serviteurs dans un domaine, sous-entend clairement l'existence du propriétaire de ce domaine.

La présence de Dieu est une grâce semblable à un grand Amour. L'entretenir avec constance permet de la garder passionnément active. Ainsi, pour que la communauté puisse être sous la Grâce de Dieu de façon pérenne, consacrer au service de Dieu des personnes de confiance issues de la communauté, est indispensable.

Voilà pourquoi Dieu dit à Moïse :

« Ensuite, tu établiras Aaron et ses fils à mon service, et à partir de ce moment, ils seront prêtres pour toujours. Et voici comment tu marqueras l'entrée en fonction d'Aaron et de ses fils »

Aaron était le grand frère de Moïse, et les enfants d'Aaron étaient par conséquent les neveux de Moïse. Moïse avait confiance en eux, car ils suivaient le même but que Moïse, ils étaient animés par la même foi que Moïse, ils avaient le souci de protéger le merveilleux héritage commun.

L'Église en est réduite à consacrer au service de Dieu bon nombre d'hommes motivés par un intérêt autre que la préservation de l'héritage chrétien. Voilà pourquoi la chrétienté perd son sens et fait fuir ses fidèles.

Fort heureusement, en prenant la bonne habitude de prier Dieu d'assainir leur rang et de nous aider à alimenter la ferveur de la sainte foi chrétienne, à travers les âges, nous pouvons stopper la régression.

Revenons à Exode 29.1 à 29.9 qui laisse comprendre qu'une cérémonie de consécration et d'intronisation des prêtres à leur service est essentielle.

Cette cérémonie sert à leur donner la légitimité d'agir dans le cadre de leurs fonctions, et à renforcer cette légitimité en présence du public.

Sur un plan personnel, nous aussi, avons des rôles à jouer et une mission à accomplir. En nous tournant vers Dieu, nous pouvons nous en rendre compte et faire le nécessaire pour réussir.

Quant à Aaron et ses fils, ils ont effectivement fait de leur mieux pour être à la hauteur de la mission qui leur avait été confiée.

Alors, ils ont mené une vie telle qu'ils n'auraient jamais espéré. Excepté deux des fils d'Aaron : Nadab et Abihou. Ils n'avaient pas résisté à la tentation de faire ce qui leur semblait adéquat, allant ainsi à l'encontre des instructions claires et précises qu'ils avaient reçues.

C'est pour vous dire que les tentations ne manquent pas pour vous pousser à décevoir Dieu, vos parents,... Mais si vous faites de votre mieux pour résister, et si vous priez Dieu de vous aider à y résister, vous triompherez de ces tentations et pressions et mènerez une vie au-delà ce que vous pouvez imaginer pour l'instant.

En tout cas, c'est ce que j'ai constaté à partir de mon expérience.

Dieu peut, lui-même, vous consacrer à un poste, à une fonction, à un service, à une mission, sans que vous passiez par une cérémonie particulière. Mais il peut aussi vous faire passer par une cérémonie particulière dont je ne suis pas en mesure de vous indiquer la forme à cet instant. Pourquoi ? Parce que c'est une affaire entre vous et Lui.

Passons à la seconde partie de la consécration des prêtres qui marque leur entrée en fonction : « Et voici comment tu marqueras l'entrée en fonction d'Aaron et de ses fils. », conclut Exode 29.9.

Poursuivons donc par Exode 29.10 à 20.14 qui indique comment marquer l'entrée en fonction des prêtres, et précise les motifs d'un tel rituel.

> 29.10 *« Tu présenteras le taureau devant la tente de la rencontre. Aaron et ses fils poseront les mains sur sa tête.*
>
> 29.11 *Tu égorgeras le taureau pour le sacrifice, en ma présence, à l'entrée de la tente de la rencontre.*
>
> 29.12 *Tu prendras de son sang et tu en déposeras avec un doigt sur les quatre angles de l'autel. Puis tu verseras le reste du sang au pied de l'autel.*
>
> 29.13 *Tu prendras toute la graisse qui recouvre les intestins et l'estomac de l'animal, de même que le lobe du foie et les deux reins avec la graisse qui les entoure. Tu brûleras le tout sur l'autel.*
>
> 29.14 *Ce sera un sacrifice pour que les péchés des prêtres soient pardonnés. Le reste de l'animal, viande, peau et boyaux, sera jeté au feu hors du camp.*

Exode 29.10 à 29.14 ne manque pas de soulever la question suivante :

Est-ce que Dieu Saint, Dieu Bon, Dieu Juste, ... a besoin de sacrifice d'animaux pour pardonner les péchés des prêtres ou de quiconque ?

La réponse immédiate est : non. Non, Dieu n'en a nullement besoin. Mais pourquoi donc demande-t-il le sacrifice de ces animaux pour le pardon des péchés des prêtres à introniser à son service et pourquoi un tel rituel ?

L'une des réponses est que : par ce rituel macabre d'animaux innocents et parfaits, Dieu cherche à nous faire comprendre que le péché fait couler le sang des innocents. Et c'est à nous de prendre conscience que c'est très injuste de faire couler le sang d'un innocent. Parce que la vérité est que sans les péchés, il n'aurait pas demandé le sacrifice de ces animaux. Il est certain que Dieu n'a nullement besoin de sacrifice d'êtres vivants, ni même de rituels macabres.

Quand il créa la terre et sa biodiversité, il n'usa d'aucun sacrifice, d'aucun rituel. Il n'avait fait qu'agir. Depuis Abel, les humains croient les sacrifices et rituels indispensables. Ils n'ont pas compris que ces rituels les égarent et les exposent à la souffrance, parfois la plus atroce, en témoigne la fin tragique d'Abel.

En fait, par l'effet de la loi universelle de cause à effet, tout sacrifice d'êtres vivants, surtout non véritablement consentants, créé une lourde dette à rembourser à un moment donné. C'est l'une des raisons pour laquelle le 5ème Commandement dit clairement : « *Tu ne tueras point.* »

Alors les motifs et raisons pour passer outre ne retiennent pas la conséquence qui en découle.

Le soir du 26 décembre 2022, Lacko le futur époux de ma fille benjamine prenait son premier repas avec nous. Il était alors âgé de 19 ans. Au moment de présenter le champagne à table, je lui dis : pour toi et Gloria ce sera le Champomy. Mais en servant le champagne, je leur en servis. Tant Gloria que Lacko trinquèrent avec nous, sans en boire une seule goutte. Alors, j'ajoutai du sirop de cassis pour en faire un kir royal. Les deux n'y touchèrent pas. Respectant ainsi ma recommandation. Lacko séjourna 4 jours à la maison. Je réalisai jour après jour que c'est un jeune homme formidable, serviable. Il n'hésitait pas de faire la vaisselle, l'essuyer et la ranger sans même avoir été sollicité. Il cherchait quotidiennement à me rendre service et à tenir compte de mes conseils, manifestant ainsi son affection et son respect pour moi.

Tout ceci pour vous dire que les sacrifices et rituels ci-dessus mentionnés, même s'ils étaient demandés par Dieu ou disons, plutôt, même si Dieu a toujours laissé ainsi faire, de tels sacrifices ne sont pas dignes d'enfants de Dieu, mais plus des adeptes d'autres croyances. C'est donc à nous de les éviter et ce d'autant plus que dès le début, Dieu a dit : « *Tu ne tueras pas.* »

Dieu a tendance à nous laisser faire, pour nous laisser le temps de comprendre. A nous donc de lui prouver que nous avons compris que ce type de sacrifice n'est pas digne de nous et encore moins de Lui. C'est ce que l'Église fait, grâce à l'enseignement reçu de Jésus Christ.

Ces sacrifices n'ont donc plus lieu d'être. Car la vie de chacun de ces êtres n'appartient qu'à Dieu. Et offrir à quelqu'un ce qui lui appartient déjà n'est pas une offrande.

Pour le principal, la saine sainte façon de consacrer une personne au service de Dieu est d'emblée énoncée dans Exode 28.41 « *Toi, Moïse, tu revêtiras ton frère Aaron et ses fils de ces habits, tu verseras de l'huile sur leur tête et tu leur confieras leur charge. C'est de cette façon que tu les consacreras pour qu'ils me servent comme prêtres.* ». Ce rituel - précédé du bain de purification - est largement suffisant.

Poursuivons.

> 29.15 *« Puis, tu prendras le premier bélier. Aaron et ses fils poseront les mains sur sa tête.*
>
> 29.16 *Tu égorgeras le bélier pour le sacrifice, tu recueilleras son sang et tu le verseras sur les côtés de l'autel, tout autour.*
>
> 29.17 *Tu découperas l'animal en morceaux ; tu laveras ses intestins et ses pattes, et tu les déposeras sur l'autel, par-dessus les morceaux et la tête.*
>
> 29.18 *Tu brûleras alors tout l'animal sur l'autel, pour me l'offrir en sacrifice complet. La fumée de bonne odeur de ce sacrifice qui m'est offert me plaira, à moi, le SEIGNEUR.*

Exode 29.15 à 29.18 dépeint une scène évoquant le SEIGNEUR prenant part à notre festin. Ici c'est la scène du père qui mange la même nourriture que ces enfants, le Créateur qui prend part au festin de ses créatures pour être plus proche d'elles.

Ce passage d'Exode évoque Genèse 8.20 à 8.21, où Noé offrit en sacrifice des animaux et oiseaux parfaits à Dieu, après la sortie de l'arche, ainsi qu'Abraham dans Genèse 15. En fait, on pourrait se dire : puisque Dieu, Lui, le Très-Haut accepte d'en manger ou se propose d'en manger, alors c'est bon, c'est juste, c'est normal de manger de la viande…

Mais la réalité est qu'il est difficile à un parent de refuser le cadeau de son enfant bien-aimé. Pour le reste, c'est parfois aux enfants d'apprendre à leurs parents de changer certaines coutumes pour préserver les fondamentaux et non pas le paraître, aux bons élèvent de présenter au maître de nouvelles découvertes utiles, aux bienveillantes créatures de faire découvrir à leur créateur de nouveaux procédés utiles, de nouvelles choses, sans casser aucun code pilier, mais en privilégient le bon sens, dans tous les cas.

Ce sont mes enfants qui m'ont progressivement motivée à exclure complètement la viande de mes repas. Et depuis, c'est une autre vie que je mène, une autre façon de comprendre et d'apprécier la vie.

Si besoin était, c'est à nous de dire à Dieu que prendre les êtres vivants pour nourriture ne fait plus partie de notre conception du respect de la vie. Et Dieu en serait véritablement satisfait, il s'apercevra que nous avons enfin dépassé le cap des premiers êtres humains.

L'encourageante bonne nouvelle dans tout cela est que Dieu ne veut plus du tout de sacrifices, ainsi que cela ressort notamment du Psaume 50 ou 49.

Pour le principal, il est bon de savoir qu'à l'origine, Dieu n'avait pas inclus la viande dans notre alimentation, en témoigne Genèse 1.29 à 1.31. C'est seulement après le déluge qu'il autorisa d'en manger, raconte Genèse 9.2 à 9.4.

Dès lors, s'abstenir de consommer de la viande est un choix à opérer quand on est touché, quand on est prêt.

En effet, il m'a fallu du temps, des rencontres et des images parlantes pour comprendre que les arbres sont des êtres vivants et très utiles, dont je peux avoir l'honneur d'accorder mon attention. Et que les animaux méritaient un autre sort que celui de menu dans mon assiette. Du temps, parce que c'est seulement dans la cinquantaine que j'ai cessé d'en consommer. Des rencontres, parce qu'à plusieurs occasions j'ai eu la grâce de regarder différents animaux dans les yeux, et à chaque fois j'ai vu et ressenti une présence vivante, intelligente et expressive au-delà de l'aspect animal.

Pour ne citer que cet exemple, une fois, j'ai vu une brebis séparée de son petit par une clôture de grillage. Son petit avait été sélectionné pour l'abattoir. Cet agneau se colla près du grillage, sans même bêler. Sa mère traversa le troupeau et vint auprès de son petit et, là devant le grillage, les deux êtres, la mère et son petit se frottèrent tendrement la joue, comme pour se dire adieu. Cette scène m'a profondément touchée en tant qu'un être vivant et, surtout, en tant que mère. Mais ce n'est pas tout, le fait de voir les animaux courir et crier comme n'importe quel être humain dont la vie est menacée, profondément apeuré devant le danger, a résolument changé ma vision sur eux.

Alors oui, réserver à nos amis les animaux un autre sort que celui de figurer à nos menus est un chemin que chacun et chacune de nous ne peut prendre qu'en fonction de son cœur, sans décider pour les autres, en communiquant toutefois sa propre expérience, pour en témoigner.

Poursuivons par Exode 29.19 à 29.20 qui dépeint une scène ne pouvant manquer d'attirer notre attention.

> 29.19 *« Ensuite, tu prendras le second bélier. Aaron et ses fils poseront les mains sur sa tête.*
>
> 29.20 *Tu égorgeras le bélier, tu prendras de son sang et tu en déposeras sur le lobe de l'oreille droite d'Aaron et de ses fils, de même que sur le pouce de leur main droite et de leur pied droit. Ensuite tu verseras du sang sur les côtés de l'autel, tout autour.*

« … *tu en déposeras sur le lobe de l'oreille droite d'Aaron et de ses fils,* ». Exode 29.20 évoque l'oreille mise à l'écoute du SEIGNEUR, afin d'entendre ce qu'il nous communique. « … *de même que sur le pouce de leur main droite,* ». Le pouce de la main droite évoque le coup de pouce divin en action, par lequel la personne consacrée agit efficacement. « … *et de leur pied droit.* », évoque le pas dirigé par Dieu.

En fait, après avoir consacré la personne entièrement, Moïse consacre expressément trois de ces extrémités les plus actives, l'oreille droite, pour écouter; le pouce de la main droite, pour agir; et l'orteil du pied droit, pour aller vers.

La question, que nous suscite le choix de ces trois parties, est la suivante : pourquoi les yeux et la mouche n'en font pas partie ?

L'une des réponses est : parce qu'il nous est difficile de maintenir nos yeux et notre bouche sous contrôle. Nos yeux ont tendance à voir, avec une extrême facilité, ce que nous devons éviter de regarder et, souvent, notre bouche dit précipitamment ce que nous devons éviter dire. Pour ces raisons, il est difficile de les consacrer au service du SEIGNEUR.

Il est évident que nos oreilles, également, entendent souvent ce que nous devons éviter d'écouter. Seulement, ce n'est pas grave, parce que si la bouche ne dit rien, ce que l'oreille aura entendu n'aura pas d'impact. Quant à nos mains, ils ne peuvent véritablement pas nous faire faire ce que nous décidons d'éviter de faire. Il en va de même pour nos pieds. Ils ne peuvent, tous seuls, nous conduire là où nous ne voulons pas aller.

Le choix de ces trois parties : le lobe de l'oreille droite, le pouce de la main droite et du pied droit, manifeste un désir de garder sous maîtrise les actes des personnes ainsi consacrées.

Pour le surplus, ce choix est une façon de nous faire comprendre que tout ce qui vient d'une personne consacrée n'est pas automatiquement une inspiration de Dieu. C'est pourquoi, il appartient aux laïcs de rester vigilants pour éviter d'acquiescer la dérive.

Poursuivons par Exode 29.21 à 29.22 dont la scène ne peut manquer de nous interpeller.

> 29.21 *Tu prendras un peu de sang sur l'autel et de l'huile d'onction. Tu en aspergeras Aaron et ses vêtements, puis ses fils et leurs vêtements. Alors, Aaron, ses fils et leurs vêtements seront consacrés.*
>
> 29.22 *L'offrande du second bélier marquera l'entrée en fonction des fils*

d'Aaron. Tu prendras la queue de cet animal, la graisse qui recouvre les intestins et l'estomac, le lobe du foie, les deux reins avec la graisse qui les entoure, et la cuisse droite.

En effet, Exode 29.19 à 29.22 ne manque pas de soulever la question suivante :

Est-ce que Dieu a besoin de sacrifice d'un bélier, ou même de quelque être vivant que ce soit ou encore d'un tel rituel pour marquer l'entrée en fonction d'une personne consacrée prêtre à son service ?

La réponse immédiate est : évidemment non. En revanche nous, les êtres humains, avons besoin de cérémonies marquant pour prendre au sérieux ce qui se passe, pour nous imprégner de ce qui se passe. Et le sang versé est toujours une marque indélébile jusque dans notre esprit. Quand ce sang est aspergé sur les habits de cérémonie, c'est pour rappeler chaque fois qu'ils sont portés, que le péché génère la souffrance et la mort, et nous motiver à nous en détourner.

Bonne Nouvelle, depuis Jésus Christ notamment, et avant lui, par le sacrifice parfait que Melkisédec offrit à Dieu (Genèse 14.18 à 14.19), nous avons délaissé de tels pratiques.

En fait, bien avant Jésus Christ, Dieu avait précisé qu'il ne voulait plus du tout de sacrifices. En témoigne le roi David lorsqu'il dit à Dieu :

« *Tu ne veux ni sacrifices ni offrandes, cela, tu me l'as fait comprendre. Tu ne demandes ni holocauste ni victime pour le pardon des péchés. Alors j'ai dit : « Me voici, je viens à toi.* » » (Ps. 39.7 à 39.8)

Quant à moi, je prie fervemment Dieu de nous aider à nous détourner du péché, pour agir et réagir dans le bon sens avec dignité et succès. Je souhaite que nous soyons nombreux à prier dans ce sens. Car prier ainsi permet d'accéder à la réussite complète, matérielle et spirituelle.

Poursuivons par Exode 29.23 à 29.28 qui évoque notamment le thème du partage avec Dieu et de la façon de lui présenter nos offrandes.

29.23 *Tu prélèveras dans le panier des pains sans levain, placé devant moi, un pain rond, un gâteau à l'huile et une galette.*

29.24 Tu déposeras le tout sur les mains d'Aaron et de ses fils, et tu leur diras de me les offrir avec le geste de présentation.

29.25 Puis tu reprendras ces offrandes de leurs mains et tu les brûleras sur l'autel, au-dessus du sacrifice complet. La fumée de bonne odeur de ces sacrifices qui me sont offerts me plaira, à moi, le Seigneur.

29.26 Tu prendras la poitrine de ce second bélier, qui est pour Aaron, et tu me la présenteras toi-même, avec le geste de présentation. Ensuite, cette part de l'animal sera pour toi.

29.27 « Tu déclareras ceci : la poitrine et la cuisse droite prélevées sur ce bélier et offertes avec le geste présentation sont réservés au SEIGNEUR.

29.28 Tu les mettras à part pour Aaron et ses fils. C'est pourquoi les Israélites devront toujours prélever ces morceaux sur les animaux qu'ils m'offrent en sacrifices de communion, à moi, le SEIGNEUR. Et les remettre à Aaron et à ses fils.

Effectivement, Exode 29.23 à 29.28 dépeint une scène évoquant le partage équitable entre le SEIGNEUR, son interlocuteur direct et les personnes consacrées prêtres à son service. Ce passage nous laisse d'emblée comprendre que Dieu partage avec ceux et celles qui sont consacrés à son service.

À travers les termes : « *Ensuite, cette part … sera pour toi. (…) Tu les mettras à part pour Aaron et ses fils.* », Exode 29.23 à 29.28 nous laisse comprendre que ceux et celles qui œuvrent véritablement au service de Dieu dans ce monde, leur part leur revient d'office.

Alors vous qui œuvrez en vérité pour la cause divine, totalement ou partiellement, ne craignez pas pour votre part. Elle vous revient de plein droit, et c'est tout à fait normal et juste. Parce que tout travail mérite salaire, récompense. Autrement on ôterait aux gens l'envie de travailler.

Seulement, avec Dieu, votre salaire pourrait être autre chose que vous n'avez pas envisagé. En effet, ni Moïse, ni Aaron, ni ses fils n'ont choisi quelle part ils voulaient s'attribuer : c'est le SEIGNEUR qui a décidé, dans sa générosité, quelle part revenait à chacun d'eux. Ceci nous laisse comprendre qu'avec Dieu, même si nous avons le droit de lui suggérer la part qui nous intéresse, lui seul sait quelle part nous convient.

Les mots clés : « *offertes avec le geste présentation* », ne manquent pas d'attirer notre attention sur l'attitude à tenir pour offrir généreusement, humblement.

Parce que les gestes sont un langage parfois plus expressif que les mots, le geste de présentation accompagne toujours les offrandes de quiconque sait offrir.

Ainsi, par la demande du geste de présentation, Dieu nous apprend à donner notre offrande avec soin, afin de marquer qu'il s'agit d'un acte utile, volontaire et précis.

Alors en donnant notre dîme, nos deniers, ou la monnaie à la quête au cours de la Messe, nous pouvons le faire avec le geste de présentation. Tout simplement en inclinant la tête pour donner humblement et de bon cœur, ce que nous avons décidé de donner.

Poursuivons par Exode 29.29 à 29.30 qui évoque le thème de l'héritage et de la succession à organiser dès que possible.

> 29.29 *« Après la mort d'Aaron, ses vêtements sacrés seront transmis à ses fils. Ils les porteront le jour où ils seront consacrés et où ils commenceront à me servir.*
>
> 29.30 *Le prêtre, un fils d'Aaron qui le succédera, portera ces vêtements pendant sept jours, quand il entrera dans la tente de la rencontre pour me servir dans le lieu saint.*

En effet, Exode 29.19 à 29.30 soulève la question suivante :

Pourquoi, au milieu d'une scène de partage, de répartition et de présentation des offrandes, Dieu introduit subitement la question d'héritage des vêtements d'Aaron (en sa qualité de grand-prêtre) ?

La réponse immédiate est : c'est pour rappeler le devoir de transmission. Car tout ceci n'est pas fait pour Aaron, mais pour sa fonction, qui sera assurée par ses descendants. Ce passage d'Exode nous fait comprendre que nous avons à penser à notre succession et à la préparer dès que possible, notamment lorsque nous avons une fonction importante ou plusieurs enfants, afin d'assurer la continuité de notre œuvre ou de notre mission.

Sur un plan personnel, n'attendez pas la dernière minute pour préparer votre succession ou le partage de l'héritage entre les personnes qui vous tiennent à cœur. Ainsi vous pourriez limiter les conflits, en faisant connaître à temps votre réelle volonté.

Reprenons le fil par Exode 29.31 à 29.33 qui attire l'attention avec un tableau suscitant de ma part peu de commentaires.

> 29.31 *« Vous prendrez le second bélier, celui qu'on offre pour marquer le moment où les prêtres commencent à me servir. Vous ferez cuire sa viande dans un endroit réservé à cela.*
>
> 29.32 *Aaron et ses fils la mangeront, avec les pains qui restent dans le panier, à l'entrée de la tente de la rencontre.*
>
> 29.33 *Eux seuls mangeront les offrandes qui leur ont permis de recevoir le pardon que je leur accorde, moi, le SEIGNEUR, pour être consacrés comme prêtres et établis à mon service. Personne d'autre n'aura le droit d'en manger, car c'est une nourriture consacrée.*

Toutefois, jetons un regard à Exode 29.32 qui peut soulever la question suivante :

Alors que la part de viande revenant à Aaron et à ses fils a été prélevée et présentée au SEIGNEUR, pourquoi leur part de pain n'a pas été prélevée et mise à part ?

La réponse évidente est : les pains en question sont déjà sur la table des pains. Ces pains ont donc symboliquement été prélevés puisqu'ils se trouvent sur la table des pains réservés au SEIGNEUR. Et le restant des pains dans la corbeille, après celui offert en même temps que le sacrifice, revient aux personnes consacrées. Ainsi, après le partage des pains, galettes et gâteaux, le SEIGNEUR partage la viande avec ses consacrés.

En effet, « Eux seuls mangeront les offrandes qui leur ont permis de recevoir le pardon que je leur accorde, moi, le SEIGNEUR, pour être consacrés comme prêtres et établis à mon service. Personne d'autre n'aura le droit d'en manger, car c'est une nourriture consacrée. »

Exode 29.33 peut aussi nous laisser comprendre que Dieu peut réserver à une personne ou à quelques personnes, une grâce dont personne d'autre n'en bénéficie, pour marquer là une sorte de reconnaissance personnalisée.

Passons à Exode 29.34 à 29.35 qui dépeint une scène laissant remarquer que Dieu ne néglige pas les restes des repas. En même temps, il ne manque pas de rappeler la nécessité de suivre ses consignes et de fixer le temps que durera la célébration de la consécration des prêtres à son service.

> 29.34 *Si le lendemain matin, il reste de la viande ou du pain, on les brûlera. On ne devra plus en manger, car c'est une nourriture consacrée.*
>
> 29.35 *« Tu agiras envers Aaron et ses fils en suivant les ordres que je t'ai donnés. La cérémonie qui marquera pour les prêtres le début de leur service durera sept jours.*

À travers la scène dépeinte dans Exode 29.34 à 29.35, Dieu nous apprend à prendre soin des restes de nos repas de façon à les valoriser. Parce qu'il ne faut pas gaspiller, car c'est comme jeter ses efforts dans l'eau ou de l'argent à la poubelle. Il enchaîne immédiatement en rappelant à Moïse de suivre ses recommandations. Et ce n'est pas un hasard : c'est pour manquer que toutes ses recommandations sont importantes, même celles qui nous sembles anodines.

Enfin, Dieu conclut Exode 29.34 en fixant la durée de célébration de la cérémonie de consécration des prêtes à son service, laissant ainsi voir qu'il y a un temps pour tout. La fête, même pour une cause la plus importante, ne peut durer indéfiniment.

Pour nous chrétiens et chrétiennes, la scène dépeinte dans Exode 29.34 à 29.35 rappelle Jésus Christ. Il ne négligeait pas le reste des pains donnés en repas aux foules d'une part, et il n'a pas manqué de demander de suivre son Enseignement de génération en génération à travers les âges.

Poursuivons par Exode 29.36 qui ne manque pas de nous interpeller.

> 29.36 « *Chaque jour tu offriras un taureau en sacrifice pour obtenir le pardon des péchés. Tu purifieras ainsi l'autel, puis tu verseras de l'huile dessus pour le consacrer.*

En effet, la question que nous avons intimement à nous poser est la suivante :

Est-ce qu'obtenir le pardon des péchés par le sacrifice d'un taureau, ou d'un être vivant qui ne nous est pas intimement cher, peut nous motiver à pécher moins ou même à cesser de pécher ?

La réponse immédiate est : certainement pas. Mais pourquoi Dieu demande-t-il l'offrande de taureaux en sacrifice pour obtenir le pardon des péchés ? La réponse à cette question renvoie au Décryptage & Compréhension d'Exode 29.10 à 29.14.

Pour le surplus, par ce sacrifice d'innocentes créatures, Dieu veut nous faire comprendre que le péché fait couler le sang des innocents, il fait souffrir atrocement et injustement. Le but est de susciter notre compassion et nous pousser à nous révolter contre le péché et nous en détourner, pour éviter que des innocents souffrent ou meurent à cause de nous.

La difficulté est que nous n'avons pas encore compris à quel point le péché est notre ennemi. Depuis Adam et Ève, nous n'avons toujours pas compris. Mais Dieu a l'éternité devant lui. Alors, il nous laisse le temps de comprendre, tout en nous guidant très subtilement. Parce que quand un être comprend par sa propre expérience, il passe définitivement à un autre stade de connaissance et de conscience.

Alors si nous avons compris, offrons nos vilaines manières en sacrifice et passons au meilleur niveau de conscience pour une vie largement meilleure, où l'eau et la prière suffisent pour purifier tout autel.

En effet, à travers l'affirmation « *Chaque jour tu offriras un taureau en sacrifice pour obtenir le pardon des péchés. Tu purifieras ainsi l'autel …* », Exode 29.36 soulève la question suivante : est-ce que le sacrifice d'une innocente créature est purificateur ?

La réponse immédiate est : physiquement et spirituellement oui, s'il nous motive à changer complètement. C'est-à-dire à nous détourner du péché qui nous rend impur.

Pour le principal, on ne peut parler véritablement de sacrifice quelque chose dont la perte ne nous affecte pas.

Comprendre que le sacrifice qui purifie l'autel, le sacrifice qui peut nous purifier, est d'une autre nature nous conduit à trouver le vrai moyen de nous purifier intérieurement et extérieurement et de vivre largement mieux.

Enfin, la purification par le sang versé d'un être pur évoque la « *purification par le sang de Jésus Christ* ». Seulement, le sens à retenir de la « *purification par le sang* » est encore au-dessus de la compréhension de la majorité d'entre nous.

En effet, Jésus Christ avait la possibilité de s'en fuir, mais il ne l'a pas fait. Il s'est offert de bon cœur et de son plein gré. Il savait ce qui l'attendait et il l'a accepté pour faire « *la volonté de celui qui l'a envoyé* », et nous prouver que ni la souffrance, ni la mort ne peut empêcher celui ou celle qui a confiance en Dieu, de s'accomplir en restant pur, innocent.

Cette position de Jésus Christ, en sacrifice, rappelle automatiquement celle d'Isaac qui avait la possibilité de s'en fuir, mais s'était laissé faire par son vieux père. Ce n'est nullement le cas quant aux animaux sacrifiés. Ils ne s'offrent point de bon cœur, ni de leur plein gré. A voir leur attitude, ils comprennent mal ce qui leur arrive…

Sur un plan personnel, si vous voulez réellement réussir votre vie matérielle et spirituelle, le sacrifice à offrir à Dieu est l'effort quotidien d'éviter les actes vous éloignant de Dieu. Alors vos prières et vos efforts pour réussir votre vie seront couronnés de succès parfois au-delà de votre entendement.

Poursuivons par Exode 29.37 qui termine ce chapitre par une mise en garde nous motivant à respecter Dieu pour bénéficier de sa Grâce.

> 29.37 *Cette cérémonie durera également sept jours. Ensuite, l'autel sera uniquement réservé à mon service. Alors toute personne ou tout objet qui le touchera en supportera les conséquences. »*

Effectivement, Exode 29.37 nous motive à respecter ce qui est réservé à Dieu, ce qui est sacré. Parce que le respect de ce qui est réservé à Dieu, de ce qui est sacré est l'attention apportée aux valeurs qui empêchent notre régression, nous rendent meilleurs et font de nous les êtres que nous sommes appelés à devenir.

Messages d'Exode 29.1 à 29.37. Si, en ouvrant la Bible ou cet ouvrage vous tombiez sur Exode 29.1 à 29.37, il se pourrait que vous ayez à faire attention à ce que vous dites, à ce que vous faites et aussi à certains endroits où vous pourriez vous rendre. Il se pourrait que vous vous posiez des questions au sujet de votre rétribution, de la reconnaissance de vos mérites : faites seulement, de bon cœur, ce que vous avez à faire. Pour le reste, n'hésitez pas d'en parler humblement à Dieu et de lui faire confiance. Il se pourrait également que vous ayez à méditer sur les gestes de présentation de vos offrandes et même des aides que vous apportez. Il se pourrait que vous ayez à débattre des questions de succession, d'héritage. Il se pourrait que vous ayez à faire des efforts considérables pour vous dégager d'une emprise, pour vous détourner du péché. Dans tous les cas, n'hésitez pas de prier humblement Dieu pour vous éclairer et vous aider.

Exode 29.38 à 29.46 :
Les sacrifices complets de chaque jour

Texte littéral[1]

29.38 « Chaque jour, vous offrirez sur l'autel deux agneaux d'un an, et cela pour toujours.

29.39 Vous offrirez le premier le matin et le second le soir.

29.40-41 Avec l'agneau du matin et celui du soir, vous apporterez trois kilos de farine pétrie avec un litre et demi d'huile de bonne qualité. Vous apporterez aussi un litre et demi de vin. La fumée de bonne odeur de ces sacrifices qui me seront offerts me plaira, à moi, le SEIGNEUR.

(...)

29.46 Ils reconnaîtront alors que je suis le SEIGNEUR leur Dieu, moi qui les ai fait sortir d'Égypte pour habiter au milieu d'eux.

« Le SEIGNEUR, leur Dieu, c'est moi. »

Exode 29.38 à 29.46 : Décryptage & Compréhension

D'emblée, Exode 29.38 à 29.40-41 ne manque pas de soulever, dans notre conscience, la question suivante :

Pourquoi Dieu le SEIGNEUR, Lui qui ne manque de rien, demande-t-il l'offrande journalier de deux agneaux, dont un le matin et un autre le soir, ainsi que l'offrande de trois kilos de farine pétrie avec un litre et demi d'huile de bonne qualité, un litre et demi de vin ?

---

1 Texte intégral extrait de la Bible Parole de la vie, Alliance Biblique Universelle, et aussi AELF.

L'un des réponses immédiates est : par cette demande, Dieu prend symboliquement part à nos repas quotidiens. Et il prend la part qui revient à un père de son rang. Par cette demande, il nous apprend à partager avec lui, non pas seulement nos épreuves, mais aussi notre bonheur, notre nourriture, notre vie au quotidien.

Dieu nous montre sa volonté de se rapprocher plus près de nous, afin que, progressivement, à son contact, nous soyons transformés à son image, comme nous le «transformons» à notre contact.

C'est la vérité. Nous «transformons» Dieu à notre contact. Ainsi fait-il souvent notre volonté, que nous la sienne.

Moïse a réussi à refuser, malgré l'insistance de Dieu, d'affronter directement le Pharaon, clan dans lequel il avait grandi. Dieu a fini par lui adjoindre son frère Aaron. Incontestablement, tel un enfant transforme son père ou sa mère, nous «transformons» Dieu à notre contact. Heureusement, heureusement, il en garde la maîtrise, de telle sorte qu'il sait juste à quel point il ne peut ni ne doit accepter de se laisser transformer par nous.

Voilà pourquoi même en insistant, certaines de nos demandes restent sans réponse, et certaines de nos réalisations non conformes à sa vision, se trouvent simplement effacées du monde à un moment donné.

Ne vous en faites donc pas de trop si les gens font n'importe quoi. En revanche, priez Dieu de remettre le bon ordre sans trop tarder. Surtout priez-le de vous aider à réussir votre vie en évitant de faire n'importe quoi. Alors, il vous aidera et, le moment venu, il remettra le bon ordre en effaçant ce qu'il y a à effacer pour garder ce qu'il convient de garder.

Spirituellement, offrir à Dieu « *Avec l'agneau du matin et celui du soir, … trois kilos de farine pétrie avec un litre et demi d'huile de bonne qualité. … aussi un litre et demi de vin. La fumée de bonne odeur de ces sacrifices qui me seront offerts me plaira, à moi, le SEIGNEUR.* », revient à faire, du matin au soir, les actes dont l'écho honore véritablement le nom de Dieu, le rassasie de bonheur, pour qu'il nous comble de grâces en retour.

Et nous le savons ! Aucun acte de violence ne peut remplir de bonheur un bienveillant cœur libre. Aucun bon père ne peut se réjouir de la souffrance de son enfant, quel qu'il soit. Aucun bon créateur ne peut se féliciter de la tristesse de ses créatures.

L'agneau est l'un des animaux les plus doux parmi tous les animaux. La farine pétrie, donc travaillée et non pas brute, l'huile de bonne qualité, donc pas n'importe quelle huile, et un litre et demi de vin proportionnellement à la quantité de nourriture offerte, symbolisent également la douceur et l'équilibre parfait.

Concrètement, Exode 29.40-41 sous-entend que les offrandes qui rendent véritablement Dieu heureux sont les actes empreints de douceur et de bienveillance comme l'agneau, la farine pétrie, l'huile de bonne qualité, un litre et demi de bon vin.

Pour le reste, que pouvons-nous comprendre par : « *La fumée de bonne odeur de ces sacrifices qui me seront offerts me plaira, à moi, le SEIGNEUR.* »

En fait, le sacrifice que nous avons à opérer est quelque chose ou un avantage qui nous tient à cœur, et nous empêche d'aller vers ce pourquoi nous sommes présents dans ce monde.

En sacrifiant cette chose ou cet avantage-là, c'est comme si nous le jetions au feu. Là, il brûle et dégage l'odeur de liberté. Non pas que cette odeur est véritablement bonne, mais parce qu'elle signale la fin de quelque chose qui nous handicapait.

C'est pourquoi Dieu s'en félicite en disant, « *La fumée de bonne odeur de ces sacrifices qui me seront offerts me plaira, à moi le SEIGNEUR.* » Parce qu'il sait qu'une fois le sacrifice de ce qui nous retient est opéré, nous retrouvons notre liberté pour faire ce que nous devons faire, pour lui plaire, et réintégrer ainsi le rang qui est nôtre parmi les Forces du Bien.

Enfin, le «sacrifice» sous-entend une pénible contrainte pour ramener l'équilibre. C'est donc une épreuve destinée à nous ouvrir les yeux afin que, par la suite, nous fassions attention pour éviter d'en arriver là.

La vérité est que, quand tout se passait bien dans le Jardin d'Éden, les êtres humains n'avaient pas besoin de faire des sacrifices. Cela n'existait pas dans leur mode de vie.

De même, quand tout se passe bien dans nos vies, nous n'avons pas besoin d'opérer des sacrifices.

Incontestablement, les sacrifices sont une opération de dernier recours, parce qu'on n'a pas su ou réussi à faire comme il fallait.

Ainsi, c'est à la suite de nos décisions, de nos choix, de nos actions et inactions que naissent des sacrifices à opérer pour nous en sortir ou pour améliorer la situation.

Si nous voulons éviter d'avoir à faire des sacrifices, nous avons nécessairement à méditer suffisamment avant de faire nos choix, avant d'agir ou réagir.

A ce stade, au lieu de sacrifices pénibles, tous ceux et toutes celles qui aiment et respectent Dieu n'auront à lui offrir que des sacrifices de louanges. Pourquoi le mot «sacrifice» encore cette fois-ci ? Tout simplement parce que loin d'être une pénible contrainte, les louanges sont tout de même du temps et des moyens consacrés, pour manifester fervemment de la reconnaissance envers notre Bienveillant Créateur. Ce qui est formidable est le fait que, contrairement à la drogue et à l'alcool, les louanges que nous faisons de bon cœur, animent en nous une joie forte et une saine ivresse sans la moindre conséquence.

Poursuivons par Exode 29.42 à 29.43 qui laisse comprendre que nous aurons à offrir des sacrifices pouvant pourtant être évités, tant que nous ne chercherons pas à éviter d'en arriver là.

> 29.42 *Dans l'avenir, vous continuerez toujours à m'offrir des sacrifices complets à l'entrée de la tente de la rencontre, de génération en génération. C'est là en effet que je vous rencontrerai et que je te parlerai.*

> 29.43 *« C'est là que je rencontrerai les Israélites et l'endroit sera sanctifié par ma présence pleine de gloire.*

Mais en profondeur, Exode 29.42 à 29.43 nous prépare à accueillir Dieu avec respect et honneur. Et cette rencontre est possible par nos efforts au quotidien d'éviter ce qu'il désapprouve.

En faisant les efforts au quotidien d'éviter ce qu'il désapprouve, nous nous rapprocherons davantage de lui, et lui se plaira de venir à nous.

En d'autres termes, sur un plan personnel, après un sacrifice salutaire et/ou libératoire, vous pouvez mieux entendre et même comprendre Dieu le SEIGNEUR, parce que vous aurez réussi à lever volontairement l'obstacle entre lui et vous.

Les prophètes et les illuminés passent par cette phase avant de devenir qui ils sont. Ceux et celles qui réussissent, également.

Concrètement, Exode 29.42 à 29.43 évoque les bons actes répétés quotidiennement parfois avec beaucoup d'efforts. Ces actes nous ouvrent l'accès à une grâce inattendue, ou changent complètement notre vie.

Dans ce sens, poursuivons par Exode 29.44 qui laisse comprendre que Dieu ne reste pas indifférent aux bons actes répétés.

> 29.44 *Je consacrerai moi-même la tente de la rencontre et l'autel. Je consacrerai Aaron et ses fils pour qu'ils me servent comme prêtres.*

En effet, Exode 29.44 évoque la bénédiction, par Dieu, de l'endroit où nous le rencontrons. Il évoque également la bénédiction des personnes qui se laissent consacrer à son service.

Qui peut banaliser l'endroit où il opère une merveilleuse rencontre, une rencontre pouvant merveilleusement tout changer ? Et combien de fois Dieu qui, patiemment, attend de rencontrer personnellement chacun et chacune de nous !

Exode 29.44 nous laisse comprendre que l'endroit où nous recevons Dieu avec honneur et respect est particulièrement spécial. C'est un endroit hautement important comme nul autre. C'est donc normal que Dieu consacre cet endroit, y compris nous-mêmes, afin de lui donner tout son sens tant physiquement que spirituellement.

Avec Dieu, ce qui est important n'est jamais banal. Et ce qui est banal, grâce à Dieu, devient important.

Sur un plan personnel, si vous faites les efforts pour éviter ce que Dieu désapprouve, et si vous prenez la bonne habitude de le prier quotidiennement, il ne pourra manquer d'être avec vous.

Dans ce sens, c'est ce que laisse principalement comprendre Exode 29.45 à 29.46.

> 29.45 *Je serai présent parmi les Israélites et je serai leur Dieu.*
>
> 29.46 *Ils reconnaîtront alors que le SEIGNEUR leur Dieu, c'est moi, moi qui les ai fait sortir d'Égypte pour habiter au milieu d'eux.*
>
> *« Le SEIGNEUR, leur Dieu, c'est moi. »*

En effet, est-ce que Dieu le SEIGNEUR viendrait habiter aux milieux des Israélites juste parce qu'il les a libérés de l'esclavage ?

La réponse immédiate est : évidemment non. S'ils ne le méritent pas, s'ils ne font pas ce que Dieu leur demande de faire afin de lui permettre d'habiter parmi eux, il ne viendrait pas habiter parmi eux. Quel parent demeurerait avec ses enfants s'ils font tout pour l'en dissuader, pour le dégoûter ?

Le Dieu Saint ne peut demeurer là où nous ne le lui permettons pas à cause d'actes contraires à sa vision. Lui, le Tout-Puissant, a besoin de notre autorisation pour demeurer parmi nous !

Sur un plan personnel, si vous prenez la bonne habitude de prier Dieu, tout en faisant de votre mieux pour éviter ce qu'il désapprouve, il vous aidera dans vos nécessités, et il restera avec vous.

En effet, l'affirmation : « *c'est moi, moi qui les ai fait sortir d'Égypte pour habiter au milieu d'eux.* » laisse comprendre que Dieu n'habitait pas au milieu d'eux en Égypte. Ils y étaient livrés à eux-mêmes et au bon vouloir des rois d'Égypte.

En profondeur, Exode 29.46 nous laisse comprendre que Dieu n'est pas avec nous si nous vivons n'importe comment sans tenir compte de ce qu'il en pense.

Il n'est pas avec nous quand nous sommes dans les endroits que nous devons éviter.

Mais il est avec nous quand nous faisons de notre mieux pour nous rapprocher de lui, quand nous nous efforçons d'éviter ce qu'il désapprouve, même si nous n'y arrivons pas systématiquement.

C'est ainsi que constatant les efforts des Israélites au cours des siècles de respecter ses commandements, sans y arriver systématiquement, il vint vivre au milieu d'eux, en la personne de Jésus Christ. Mais peu d'entre eux le reconnurent sous cette apparence-là.

C'est pour vous dire que si vous faites véritablement de votre mieux pour éviter ce que Dieu désapprouve, si vous faites sincèrement de votre mieux pour être proche de lui, il ne manquera pas d'être proche de vous.

Seulement, malgré tout ce qu'il fera pour vous aider, pour vous protéger ou vous rassurer, pour vous faire comprendre qu'il est là avec vous, vous aurez du mal à y croire. Pourquoi ? Parce qu'« *à part Jésus Christ, Dieu, personne ne l'a jamais vu tel qu'il est* ». Et lui se plaît à intervenir en prenant une forme de son choix, justement comme nous choisissons nos vêtements et leurs couleurs.

Faites donc attention aux signes, et vous verrez que Dieu ne manque pas d'être avec vous, de vous murmurer la bonne réponse, la solution adéquate, de vous apporter de l'aide, de vous rassurer...

« *Le SEIGNEUR, leur Dieu, c'est moi.* » Un père est et sera pour toujours le père de ses enfants, une mère également. Même la loi sur la déchéance parentale ne peut effacer ce naturel lien filial. Un créateur est et sera toujours le créateur de ses créatures, le fait d'adorer ou servir d'autres dieux ne peut effacer cette réalité.

Le SEIGNEUR est le Dieu d'Israël, il est notre Dieu par nature. Mais est-ce suffisant pour que nous soyons ses privilégiés ou pour que nous lui appartenions ? Certainement pas. Ce sont les actes qui déterminent, au final, la place de chaque enfant dans le cœur des bons parents.

Ainsi le SEIGNEUR, tout en étant le Dieu de tous et toutes, est, avant tout, le Dieu de ceux et celles qui l'aiment et le respectent en vérité. Et nous le savons ! Aimer et respecter quelqu'un en vérité ne se limite nullement à se servir de cette personne, c'est aussi, et surtout, servir sincèrement cette personne.

La difficulté est que, par le service de Dieu, certains n'hésitent pas d'user d'actes contraires à la volonté de Dieu. Ils bafouent ainsi ses recommandations, sans s'apercevoir qu'ils sont en train de servir une force adverse à Dieu.

D'autre s'imaginent que servir Dieu revient à s'exclure de la vie, tout abandonner. Or tel n'est point le cas pour tout le monde. Vous pouvez servir Dieu à partir du travail qui vous fait vivre. Vous pouvez servir Dieu en décidant quels jours, combien d'heures consacrer à une paroisse qui vous interpelle. Vous pouvez servir Dieu en état aimable pour renvoyer aux autres l'image de la bienveillance que Dieu vous inspire, …

Dans ce sens, Exode 29.38 à 29.46 ne manque pas d'évoquer la place faite à Dieu par chacun et chacune de nous dans nos vies. Est-elle suffisante pour Lui permettre d'être avec nous, près de nous, au milieu de nous ?

La réponse à cette question renvoie à ce qui peut nous en empêcher. La question suivante est de savoir si ce qui nous en empêche est plus important pour nous. Si vous pensez que non, mais que vos besoins en sont la cause, alors n'hésitez pas d'en parler humblement à Dieu, afin qu'il vous donne des opportunités de régler cette cause entravante. Mais la réalité est que nous en voulons toujours plus, ce qui est naturel pour nous les êtres humains.

Alors, ne vous prenez pas la tête si vous n'arrivez pas à faire davantage de place à Dieu dans votre vie. Toutefois, comme vous êtes honnêtement animé par le désir de lui faire davantage de place dans votre vie, faites au moins ce que vous pouvez pour Lui manifester votre amour, votre respect et votre gratitude.

Pour cela, si ce n'est pas déjà fait, consacrez au moins deux dimanches, par mois, à la Messe et vous n'aurez pas à contribuer à la mort de la foi chrétienne. Bien au contraire vous contribuerez ainsi à la relancer. Dans ce sens, pensez aussi à offrir des dons pour entretenir les œuvres religieuses, à donner votre contribution en faveur de ceux et celles qui sont consacrés au service de Dieu dans votre coin, toujours en fonction de ce que vous pouvez offrir, sans vous sentir lésé. Alors, vous n'aurez pas à déplorer, pour votre part, l'attitude ingrate de certains enfants ou de certaines créatures. Bien au contraire, il se pourrait que vous ayez, à un moment donné, une grâce inattendue motivant fortement votre persévérance.

Messages d'Exode 29.38 à 29.46, l'un des chapitres les difficiles à soutenir à mon niveau. Si en ouvrant la Bible ou cet ouvrage vous tombiez sur l'un des passages d'Exode 29, n'hésitez pas de prendre la bonne habitude d'analyser les demandes et faits qui vous sont présentés avant de donner votre avis ou pas. Ainsi vous éviterez le piège de prendre le faux pour la vérité. Et vous comprendrez que certaines choses sont dites ou faites pour vous pousser à réfléchir, à faire le bon choix et mieux réussir votre vie.

De même, en tombant sur ce chapitre, il est bon pour vous de laisser à Dieu davantage de place dans votre vie, en développant davantage votre foi en Lui à travers des actes saints et concrets. Tout cela pourrait dynamiser positivement votre existence. D'ores et déjà, n'hésitez pas de méditer sur sa Présence au cœur de votre vie et de ses bienfaits. Cette Présence, vous pouvez la comparer à celle d'un bienveillant créateur aux côtés de sa créature : franchement, qu'a-t-elle à redouter ?

==========

Table des matières